Christian Döring
im Gespräch mit Christian Heinritz
BIBEL STATT PARTEIBUCH

Christian Döring
im Gespräch mit Christian Heinritz

BIBEL STATT PARTEIBUCH

Mein Leben als Christ in der DDR

Über den Autor:
Christian Döring wurde 1962 in Güstrow in der DDR geboren. Er ist verheiratet und hat fünf Kinder. Heute rezensiert er vor allem christliche Literatur für seinen Bücherblog „bücherändernleben".

Über den Interviewer:
Christian Heinritz wurde 1963 in Weißenburg in Bayern geboren. Er ist gelernter Buchhändler und arbeitet im Verlag der Francke-Buchhandlung im Bereich Marketing.

Bibliografische Information Der Deutschen Bibliothek
Die Deutsche Bibliothek verzeichnet diese Publikation in der
Deutschen Nationalbibliografie; detaillierte bibliografische Daten
sind im Internet über http://dnb.ddb.de abrufbar.

ISBN 978-3-86827-466-0
Alle Rechte vorbehalten
© 2014 by Verlag der Francke-Buchhandlung GmbH
35037 Marburg an der Lahn
Umschlagbilder: iStockphoto.com / milosluz, Jaxon-Grafik, archives, diephosi
Umschlaggestaltung: Verlag der Francke-Buchhandlung GmbH /
Sven Gerhardt
Satz: Verlag der Francke-Buchhandlung GmbH
Printed in Czech Republic

www.francke-buch.de

Inhaltsverzeichnis

Vorwort 7
1. Die Teilung der Welt 10
2. „Der kleine Pastor muss zur Christenlehre" 22
3. „Einen Weihnachtsmann bekommen Sie nicht!" 35
4. Noch ein Stückchen Antenne 42
5. Weil ich rückschrittlich bin 52
6. Flüchtlinge? Wer hat euch denn gerufen? 56
7. Ein Gedicht entscheidet über mein Studium 64
8. Krieg: Äthiopien – Somalia 73
9. Mit Tony Marschall in Güstrow 77
10. Ich darf nicht in die Partei 83
11. Wie ich mit meinem Pastor Farbe klaute 87
12. Vom Privatmaler in den VEB 92
13. Gespräche mit einem Genossen 98
14. Meine erste Rezension 103
15. Sicherheitsinspektor ohne Parteibuch? 108
16. Der VEB ermöglichte mir Rüstzeiten 114
17. Als unser Bundespräsident mein Pastor war 118
18. Eine weiße Seite in der Mecklenburgischen Kirchenzeitung 122
19. Auszug aus dem VEB 125
20. Die ABI kriegt einen Haken 130
21. Vierzig Mann und sieben Waschlappen 135
22. „Bevölkerungsintensivhaltung" 139
23. Stasileute in meinem Wohnzimmer 144
24. Der November 1989 150
25. Eine letzte Geschichte, eine Konsequenz und eine Einladung 154

Vorwort

Viele der jüngeren Generationen erinnern sich fast oder gar nicht mehr an die DDR und wissen auch kaum etwas darüber. Ich selbst war sieben Jahre alt, als im November 1989 die Mauer fiel. Das Einzige, woran ich mich erinnere, ist, dass meine Eltern mit Sektgläsern vor dem Fernseher standen und miteinander anstießen, weil, wie sie sagten, etwas Wundervolles passiert sei. Bestimmt haben sie mir damals noch mehr erzählt, aber das habe ich vergessen. Einige Zeit später – ich weiß nicht, wie viel – hatten wir eine ostdeutsche Familie bei uns zu Besuch. Ich erinnere mich noch, dass meine Mutter fürstlich auftischte. Leider muss ich gestehen, dass bei mir vor allem hängen blieb, dass die Leute da, wo sie herkamen, anscheinend nicht so viel zu essen hatten. Und dann ist da ... nichts. Lange Zeit hatte ich keinerlei Berührungspunkte mehr mit diesem untergegangenen Staat, der sich *Deutsche Demokratische Republik* nannte. Natürlich, wir machten an den Wochenenden hin und wieder Ausflüge ins Bachhaus Eisenach, auf die Wartburg oder nach Gotha und freuten uns über jeden Trabi, den wir zu Gesicht bekamen. Und als wir in Berlin auf Klassenfahrt waren, gingen wir auch ins Museum am Checkpoint Charlie. Aber der Geschichtsunterricht in der Schule endete mit dem Ende des Zweiten Weltkriegs, für alles Weitere reichte die Zeit nicht mehr. Und so trug ich lange Zeit nur ein nebulöses Halbwissen über die jüngste deutsche Geschichte mit

Vorwort

mir herum. Bis, ja, bis ich für ein Auslandssemester nach Frankreich ging. Interessanterweise wurde ausgerechnet dort an der Uni ein Seminar über die Geschichte von BRD und DDR zwischen 1949 und 1989 angeboten sowie eine Vorlesung zum Thema „Literatur der DDR". Ich fing Feuer. Zurück in Deutschland spezialisierte ich mich auf dieses Thema, schrieb meine Magisterarbeit über einen DDR-Autor und ließ mich im Studienfach Buchwissenschaft über „Die Zensur in der DDR" prüfen. Vielleicht hat mich das Manuskript von Christian Döring deshalb auf Anhieb so fasziniert, als er es uns zur Veröffentlichung anbot. Denn darin schildert er unter anderem, wie er persönlich die Zensur in der DDR erlebt hat. Ich wage zu behaupten, dass ich so ziemlich alles gelesen habe, was es darüber an Forschungsliteratur gibt. Doch Forschungsliteratur und auch Berichte in Geschichtsbüchern vermitteln einem meistens eher ein abstraktes Wissen. In Erfahrungsberichten und Autobiografien hingegen bekommt man einen Eindruck davon, wie es für den Einzelnen wirklich war: Das Leben in der DDR.

Christian Döring wurde 1962 in Güstrow in der DDR geboren. Im Gespräch mit Christian Heinritz, einem ungefähr gleichaltrigen Westler, mit dem er nicht nur den Vornamen, sondern auch die Liebe zu Büchern und die Liebe zu Gott teilt, lässt er nun lebendig werden, wie sein Alltag im „real existierenden Sozialismus" aussah. Anlässlich des 25. Jahrestags des Mauerfalls bietet er in 25 Streiflichtern einen Einblick in sein Aufwachsen und Leben als Christ in der DDR. Was hat er für Erfahrungen gemacht, wann wurde ihm erstmals bewusst, dass sein Glaube an Gott von den Machthabenden nicht gern gesehen wurde, wie hat dieser Glaube seinen Lebensweg geprägt und beeinflusst? Die Erfahrungen von Christian Döring sind mit Sicherheit nicht exemplarisch für die aller Christen

Vorwort

in der DDR. Sie sind zutiefst individuell und subjektiv und führen vor Augen, wie *ein* Mann, nämlich der Christ Christian Döring, der sich selbst weder als Held noch als Duckmäuser sieht, den DDR-Alltag erlebt hat. Und genau darin liegt ihre Stärke. In der DDR lebten im Jahr 1989 rund 16,4 Millionen Menschen. 16,4 Millionen Menschen, von denen jeder eine eigene Geschichte zu erzählen hätte. Gut, dass manche das inzwischen getan haben. Damit wir und alle nachfolgenden Generationen die DDR nicht nur, wenn überhaupt, durch Geschichtsbücher kennenlernen, sondern durch die Schilderungen unzähliger Einzelschicksale einen realistischen, plastischen Eindruck davon bekommen können, wie es war, das Leben in diesem Unrechtsstaat DDR, der sich selbst als „Friedensstaat" bezeichnete.

Kathrin Schultheis
Programmleiterin Verlag der Francke-Buchhandlung

1. Die Teilung der Welt

Herr Döring – ist das nicht schade? Vor zwei Jahren hätten wir – vielleicht mit einem Glas Rotkäppchensekt – so schön auf Ihr Doppeljubiläum anstoßen können: 25 Jahre Mauerfall und 50 Jahre Christian Döring. Dummerweise aber hat Herr Honecker die dafür notwendige, rechtzeitige Öffnung der innerdeutschen Grenze im Jahr 1987 verbaselt und uns diese Freude genommen. Aber – wer zu spät kommt, den bestraft bekanntlich das Leben und der Staatsratsvorsitzende musste ja dann die Folgen seines Starrsinns tragen. Das hilft Ihnen aber auch nicht viel weiter, denn ich kann mir vorstellen, dass Sie gerne verzichtet hätten auf diese unfreiwillige Verlängerung – die letzten 24 Monate DDR bis zum November 1989. 25 Jahre Sozialismus, 27 Jahre als Christ leben unter den Restriktionen eines atheistischen Staates, das hat Ihnen am Ende sicher gereicht.

Leider muss ich Sie enttäuschen, Herr Heinritz. Zumindest im Abstand von nun 25 Jahren bin ich ganz zufrieden damit, dass ich die letzten beiden Jahre in der DDR erleben durfte. Ich habe das Wunder der Wiedervereinigung von innen miterleben, mitgestalten und bestaunen dürfen, und das war mein bisher größtes Erlebnis.

1. Die Teilung der Welt

Wie aber hat alles angefangen? Wo wurden Sie hineingeboren in dieses „Arbeiterparadies"? Und von wem?

Am Totensonntag 1962 wurde ich im Güstrower Schlosskrankenhaus geboren. Kein freudiges Ereignis. Mein Großvater war ziemlich verärgert darüber. Bessarabier sind halt nicht nur fromme Leute, sondern hin und wieder auch ein wenig abergläubisch. Seine Befürchtung war: Wer am Totensonntag geboren wird, der lebt nicht lange. Und tatsächlich wurde ich bereits nach drei Lebenstagen krank. Aufgrund einer schweren Ernährungsstörung nahm ich nicht zu, sondern ab, und das ist lebensgefährlich, jedenfalls bei einem Säugling. Anfang der 60er-Jahre wurden diese in ganz Deutschland nicht nach deren Hungerschrei, sondern nach Uhrzeit gefüttert. Aber ich war schon damals ein so sturer Mecklenburger, dass ich mich nicht nach der Uhrzeit richtete. Wenn ich meiner Mutter im Krankenhaus zum Stillen gebracht wurde, schlief ich tief und fest. War die Stillzeit dann um und ich schlief immer noch, hatte ich halt Pech gehabt. Und so schleppten mich meine Mutter und meine Patentante an meinem dritten Lebenstag zur Nottaufe in den Dom zu Güstrow.

Irgendwie schlug ich dem Aberglauben dann aber doch ein Schnippchen und die Nahrung gelangte nach der Taufe in regelmäßigen Abständen in mich hinein. An meinem zehnten Lebenstag wurde meine Mutter aus dem Krankenhaus entlassen und ich zog ins Güstrower Kinderheim ein. Mein Vater hatte nämlich eine offene Lungentuberkulose und durfte aufgrund der Ansteckungsgefahr nicht in engeren Kontakt mit mir kommen. Er durfte mich noch nicht einmal berühren. Das war sehr schwer für ihn. Jedes Wochenende kamen meine Eltern ins Kinderheim, um mich zu be-

1. Die Teilung der Welt

suchen. Eine Stunde lang war Besuchszeit. Hatte die liebe „Tante Sissi" Dienst, brachte sie mich einen Augenblick hinter eine große Glaswand im Treppenhaus, damit mein Vater mich zumindest kurz sehen konnte. Hatte allerdings die ungeliebte „Blabla" Dienst, bekam mein Vater mich nicht zu sehen, denn Säuglinge durften das Säuglingszimmer eigentlich nicht verlassen. Ungeliebt war diese Tante bei mir, weil sie später nicht mit Klapsen auf meinen Hintern sparte.

An einem Wochenende, als ich etwas über ein Jahr alt war, hatte wieder „Blabla" Dienst, als meine Eltern mich besuchten. Mein Vater machte ihr klar, dass er ein letztes Mal mitgekommen war. Seine Ärzte hatten ihn aufgegeben. Mit den Worten: „Wenn Sie mich heute nicht zu meinem Sohn lassen, dann schlage ich Ihnen die riesige Glaswand im Treppenhaus kaputt", versuchte er mich wenigstens einmal in den Arm zu bekommen. Schwester Bärbel bekam Angst und lief weg. Für meinen Vater war der Weg frei. Meine Mutter zeigte ihm den Weg ins Säuglingszimmer. Er nahm mich auf seine Arme und gab mir einen ersten Kuss. Ich war damals 15 Monate alt. Dies war auch der letzte Kuss. Zwei Wochen später war er tot.

Damit durfte ich nach Hause. Dieses war in der mecklenburgischen Warnowstadt Schwaan. Ein Schlafzimmer, ein Wohnzimmer und eine Küche, in die es hineinregnete, waren unser Zuhause. Meine Mutter war damals in einem Krankenhaus als Krankenschwester tätig und musste natürlich abwechselnd in Tag- und Nachtschichten arbeiten. Aber der real existierende sozialistische Arbeiter- und Bauernstaat hatte vorgesorgt. Es gab die sogenannten Wochenkrippen. Da wurden die lieben Kleinen montags um 6 Uhr abgeliefert und durften freitags ab 17 Uhr wieder abgeholt werden.

Lange hielt meine Mutter diese wöchentlichen Trennungszeiten

1. Die Teilung der Welt

aber nicht aus. Als ich drei Jahre alt war, wurde in unserer Kleinstadt ein dritter Kindergarten gebaut. Mit drei durfte man so eine sozialistische Bildungseinrichtung besuchen. Meine Mutter sattelte um. Aus der Krankenschwester wurde eine Hilfsköchin. Später, als sie bereits 50 Jahre alt war, machte sie ihren Facharbeiter, weil dies über 100 Mark mehr in der Lohntüte ausmachte.

So gingen wir beide täglich morgens um 6.30 Uhr in den Kindergarten. Ich in meine Gruppe und meine Mutter in ihre Küche. Monatlich fehlte ich an nur einem einzigen Tag. Meine Mutter nahm dann ihren Haushaltstag und brachte es nicht übers Herz, mich an ihrem freien Tag in den Kindergarten zu schaffen. Der Haushaltstag war sozusagen ein zusätzlicher bezahlter Urlaubstag im Monat, den der Arbeitnehmer – vorrangig die Frauen, aber auch alleinerziehende Männer – nehmen konnte, um sich um Haushaltsdinge oder Familienangelegenheiten zu kümmern.

Wir wohnten zehn Minuten Fußweg von meinem Kindergarten entfernt. Dieser lag mitten in einem soeben entstandenen sozialistischen Wohngebiet. Weil der letzte Parteitag der SED in Berlin es einstimmig beschlossen hatte, wurden zügig überall zwischen Rostock-Warnemünde und Suhl Wohngebiete in Form von schnell zu errichtenden Plattenbauten aufgebaut. Wir aber lebten weiterhin in einer kleinen Altbauwohnung ohne Kinderzimmer, Toilette und Bad für 20 Mark Monatsmiete. Diese war in keinem sonderlich guten Zustand. Das Fensterholz war zum Beispiel so morsch – wenn man da angefangen hat, mit dem Fingernagel dran zu puhlen, konnte es gut sein, dass man kurz darauf durch ein Loch ins Freie sehen konnte. Ich erinnere mich noch daran, dass einige Fensterflügel einfach zugenagelt waren, weil keine Haken zum Einhängen der Flügel mehr vorhanden waren und es keine neuen zu kaufen

1. Die Teilung der Welt

gab. Genauso wie es oftmals über Monate kein Klopapier zu kaufen gab. So habe ich mir bereits als Kind meinen Po mit dem Zentralorgan der Sozialistischen Einheitspartei Deutschlands, dem „Neues Deutschland", gesäubert, das unsere Nachbarn abonniert und auf die Gemeinschaftstoilette gelegt hatten. Ich sehe mich noch in unserer kleinen Bretterhütte auf dem Hof sitzen. Im Dunkeln und bei minus 20 Grad Celsius war das kein Vergnügen.

Meine erste Wohnung, zu der auch eine Toilette und eine Badewanne gehörten, bezog ich erst 1994. Mein erstes Bad in der eigenen Badewanne habe ich mit 31 Jahren stundenlang genossen. Wie gerne wäre auch ich bereits 1966 in eine der neuen Plattenbauwohnungen gezogen. Da ich aber mit meiner Mutter allein lebte, hatten wir keine Chance auf so eine Wohnung. Wer von uns beiden hätte denn die AWG-Stunden ableisten sollen – jene Arbeitsstunden, die man als ganz normaler Mensch am Wochenende auf dem Bau für die Arbeiterwohnungsbaugenossenschaft verrichten konnte? Auf diese Weise arbeitete man praktisch am Bau seines zukünftigen modernen Wohnhauses mit. Kies und Zement in den Mischer schippen und Außenanlagen herrichten sowie die Fachleute mit Handlangerdiensten unterstützen, das waren typische Arbeiten für jemanden, der AWG-Stunden verrichtete. Wer die meisten Stunden abgeleistet hatte, wurde natürlich bei der Wohnungsvergabe bevorzugt. Alles in allem ungünstige Umstände für eine alleinstehende Mutter mit einem kleinen Kind ... Außerdem wäre eine Frau auf dem Bau damals eine mittlere Sensation gewesen, und wo hätte ich während dieser Zeit bleiben sollen?

In meinen Kindergarten ging ich sehr gern. Er lag direkt am Lindenbruch, einem kleinen Laubwald, in dem wir oft spielen durften. Vormittags beschäftigten sich die Erzieherinnen nach einem

1. Die Teilung der Welt

vorgegebenen Plan mit uns. Wir bastelten, gingen mal ins Kino, malten oder bekamen ein Märchen vorgelesen. Eine dieser Vormittagsstunden habe ich heute noch gut im Gedächtnis. Es muss in der Adventszeit 1967 gewesen sein.

Alle Kinder meiner Gruppe saßen im Stuhlkreis und meine geliebte Tante Vehlat erklärte, dass nun jedes Kind der Reihe nach aufstehen und sein Lieblingsweihnachtslied vorsingen dürfe. Ich sang sehr gern. Vielleicht nicht immer richtig, aber gern.

Als ich endlich mit dem Singen dran war, begann ich lautstark: „Es kommt ein Schiff, geladen bis an sein' höchsten Bord, trägt Gottes So–"

Aber plötzlich war mit einem Schlag alles vorbei. Mitten in der ersten Strophe beendete meine Tante Vehlat meinen Gesang mit den Worten: „Dieses Lied wollen wir hier nie wieder hören!"

Ich setzte mich wieder in den Stuhlkreis und konnte mir überhaupt keinen Reim darauf machen. Meine Augen suchten erwartungsvoll die ihren, aber sie schaute mich nicht an. Was hatte ich nur verbrochen?

Abends zu Hause nahm mich meine Mutter auf den Schoß und erzählte mir, dass die Leiterin des Kindergartens heute bei ihr in der Küche gewesen sei. Sie hatte mit meiner Mutter geschimpft, weil ich ein Weihnachtslied gesungen hatte, in dem Gott vorkam. Meine Mutter und ich, wir glaubten an Gott, alle anderen in unserem Umfeld nicht.

„Versprich mir, dass du nie wieder so ein Lied im Kindergarten singst oder auch nur eine einzige Geschichte von Gott erzählst!", forderte meine Mutter von mir.

Ich musste kräftig schlucken, aber geweint habe ich nicht. Was für Gedanken genau mir in Sekundenschnelle durch den Kopf schos-

1. Die Teilung der Welt

sen, weiß ich heute nicht mehr, auf alle Fälle musste ich an meine Oma in Serrahn denken und mich beschlich das Gefühl des Verrats an ihr. Wie heute weiß ich noch, dass ich meiner Mutter dann in die Arme gefallen bin und mir klar wurde, dass ich mich ab sofort in zwei Welten bewegen würde. Da hatte ich genau aufzupassen. Ich musste einteilen in die, die an Gott glaubten, und in die, die nichts von ihm wissen wollten. Zunehmend entwickelte ich ein Gefühl des Andersseins. Bei der Auswahl von Freunden und Gesprächsthemen checkte ich vorher ab, ob mein Gegenüber ein Hundertprozentiger oder Dreihundertprozentiger war. Das waren die ganz Gefährlichen. Erst danach wurden aus meinen Gedanken Worte oder gar Taten. Aus Angst, irgendetwas falsch zu machen, sagte ich oft nichts und entwickelte mich zum Schweiger. Dabei wusste ich damals noch nicht einmal, dass der Staat das Recht hatte, Eltern in bestimmten Fällen ihre Kinder wegzunehmen. Konnten sie beispielsweise nicht gewährleisten, dass sie ihre Kinder zu sozialistischen Persönlichkeiten erzogen, konnte der Staat das Sorgerecht übernehmen und die Kinder in Kinderheime oder den Jugendwerkhof stecken. Auch hierbei kam es darauf an, ob man es mit einem hundertprozentigen oder einem dreihundertprozentigen Genossen zu tun hatte. Wäre beispielsweise meine Kindergartenleiterin eine Dreihundertprozentige gewesen, hätte sie den Vorfall mit meinem Weihnachtslied der zuständigen Mitarbeiterin in der Abteilung Volksbildung beim Rat der Stadt Schwaan gemeldet. Im Normalfall wäre meine Mutter dann zu einem Gespräch ins Rathaus zitiert und abgemahnt worden. Hätte ich weiterhin im Kindergarten meine Lieder vom lieben Gott gesungen, wäre es der nächsthöheren Instanz, der Abteilung Volksbildung beim Rat des Kreises, gemeldet worden. Von dort wäre es nur noch eine Kleinigkeit gewesen, mich in ein Heim zu stecken.

1. Die Teilung der Welt

Ob Ihnen als Kindergartenkind diese existenzielle Bedrohung bewusst war oder nicht – allein die schroffe Maßregelung durch die eigentlich geliebte Kindergärtnerin reicht aus, um einen Vier- oder Fünfjährigen zu verängstigen und gefügig zu machen. Warum aber wurde Ihr schlechtes Gewissen noch verstärkt durch den Gedanken an Ihre Großmutter?

Meine Großmutter war es, die mir die Liebe zu Jesus ins Herz gepflanzt hat. Wir beide sprachen sehr oft über ihn. Deshalb war es mir nach diesem Ereignis auch besonders wichtig, schnell zu ihr zu kommen. Ich liebte meine Großmutter über alles, für mich war sie neben meiner Mutter die wichtigste Person in meinem Leben. Im Nachhinein bin ich mir sicher, dass ich bei ihr gelernt habe, scheinbar feststehende Dinge zu hinterfragen und nicht alles so hinzunehmen, wie ich es vorfand.

Immer freitagnachmittags ließen wir mein Heimatstädtchen Schwaan hinter uns und fuhren zu meinen Großeltern in das kleine Dorf Serrahn direkt am Krakower See. Hier in diesem Paradies inmitten des real existierenden Sozialismus genoss ich es, der Liebling aller zu sein. Ich, der fünfjährige Steppke, brauchte auf nichts aufzupassen. Fast alle Bewohner des Dorfes waren bessarabische Flüchtlinge und alle glaubten an Gott. Sonntags saßen alle gemeinsam in der Kirche. Da sich die Wohnung meiner Großeltern im Pfarrhaus befand und ich mit dem Pastor sozusagen auf Du und Du war, erkämpfte ich mir allerdings einige Sonderrechte. Beispielsweise brauchte ich nicht in den mir verhassten Kindergottesdienst seiner Frau zu gehen. Die Pfarrfrau erzählte nämlich die Geschichten über Jesus nur sehr knapp und dazwischenfragen durfte ich nicht, und dabei war meine Neugierde bereits damals unerschöpflich.

1. Die Teilung der Welt

Vielleicht tue ich dieser Pfarrfrau auch unrecht, aber gegen meine Großmutter konnte niemand im Erzählen biblischer Geschichten mithalten. Mit ihr konnte ich stundenlang am Krakower See sitzen. Sie erzählte mir all die Geschichten und vor allem wusste sie auf alles eine Antwort.

Natürlich erzählte ich ihr mein Erlebnis mit Tante Vehlat. Sie saß schweigend da und konnte mir nicht weiterhelfen. Für mich war dies sehr schwer mit anzusehen. Dabei regelte meine Großmutter sonst immer alles zu meinen Gunsten. Hatte ich mal wieder etwas angestellt, sorgte sie dafür, dass die Strafe möglichst gering ausfiel. War in der Woche wieder ein Westpaket in Serrahn angekommen, sorgte sie dafür, dass es stehenblieb, weil ich so gern mit dem Karton spielte. Er roch so herrlich nach Westen und Freiheit. Und hätte ich es nach der Wende nicht schon oft von anderen Menschen bestätigt bekommen, hätte ich mich sicher nicht getraut, das hier zu schreiben. Aber der Duft, der von einem Westpaket ausging, war unbeschreiblich wohltuend, vom süßen Geschmack der Westschokolade ganz zu schweigen.

In der Sache mit Tante Vehlat konnte meine Oma mir zum ersten Mal nicht helfen. Dies war für mich ein so einschneidendes Erlebnis, dass ich mich nach fast einem halben Jahrhundert heute noch sehr gut daran erinnern kann.

Für mich, der ich der einzige noch verbliebene Enkel war – der andere hatte sich wie viele andere junge Leute gerade rechtzeitig vor dem Mauerbau in den Westen abgesetzt –, tat meine Großmutter alles, was ihr möglich war. Aber aus der Gefangenschaft meiner beiden Welten konnte nicht einmal sie mich befreien. Irgendwann tat es mir leid, dass ich solch große Hoffnungen in sie gesetzt hatte, denn ich sah, dass auch sie an dieser Situation litt.

1. Die Teilung der Welt

Ich kann dieses Dilemma gut nachvollziehen, doch umso mehr stellt sich mir die Frage, wie die Leute in Serrahn – allen voran der Pastor – ihren Glauben so uneingeschränkt praktizieren konnten. Maßen die staatlichen Stellen mit zweierlei Maß?

Ja, das klingt heute alles, als wäre es in einer anderen Welt passiert. Viele Gesetze waren mal mehr, mal weniger dehnbar. Es gab Bürger, die konnten sich mehr erlauben, und andere wiederum haben wegen jeder Kleinigkeit Ärger mit den Genossen der Abteilung Inneres beim Rat des Kreises bekommen. Dort gab es immer einen zuständigen Mitarbeiter für Kirchenfragen. Dieser war stets ein Genosse und ganz inoffiziell in den häufigsten Fällen auch gleichzeitig ein Mitarbeiter des MfS.

So kann es also sein, dass heute einem Pastor vorgeworfen wird, er habe mit der Staatssicherheit gesprochen, ihm dies aber damals überhaupt nicht bekannt war, weil die Mitarbeiter in den Abteilungen für Inneres oft zwei Herren dienten. Und auch da kam es wieder auf den einzelnen Menschen an, mit dem man es zu tun hatte. Auch da gab es die Hundertprozentigen. Traf man auf sie, kam man oft mit einem blauen Auge davon. Geriet man allerdings an einen Dreihundertprozentigen, dann spielte dieser in den meisten Fällen seine Macht aus und es machte ihm große Freude, sein Gegenüber zu schikanieren. Solche Leute waren es oft auch, die dafür sorgten, dass Kinder in Heime oder den Jugendwerkhof kamen und dem Staat das Sorgerecht übertragen wurde oder dass jemand ohne Prozess in den Knast kam.

Bei den Bessarabiern in Serrahn war ich im ganzen Dorf als das „neugierige Krischtschanlein" bekannt, das immer etwas zu erzählen wusste. Ein Mann aus dem Dorf brachte mir den Spruch bei:

1. Die Teilung der Welt

„Walter Ulbricht ist unser Chef, Willi Stoph unser Ministerpräsident, und ich bin seine rechte Hand." Diesen Spruch konnte ich in Serrahn überall, an jeder Haustür erzählen. Alle haben sich mächtig amüsiert und es war für mich völlig ungefährlich. Serrahn bestand so gut wie nur aus Bessarabiendeutschen. Jeder kannte jeden. Jeder vertraute jedem. Rückblickend ist dieser Ort für mich ein heiliger Ort. Es vergeht kein Jahr, in dem ich nicht mindestens einmal dorthin zurückkehre.

Es war halt ein kleiner geschützter Ort. Die Einwohner sprachen einen bessarabischen Dialekt. Sehr gut kann ich mich noch an eine Geschichte aus jener Zeit erinnern. Einmal in der Woche kam ein Schiff über den Krakower See gefahren. Es holte morgens die einkaufswilligen Serrahner ab. Diese hatten dann zwei Stunden Zeit, in Krakow einzukaufen. Damals gab es noch viele Tante-Emma-Läden. Wann immer es ging, nahm meine Großmutter mich mit. Und so standen wir beide vor dem Verkaufstresen und meine Oma las alle Wünsche vor, die auf ihrem Einkaufszettel standen. Die Verkäuferin stellte auch alles auf den Tisch, lediglich als sie hörte: „Und dann hätt ich gern noch a Fläschle Lemonagschmack", schaute sie einen Moment unsicher und antwortete dann schnell: „Nein, so etwas haben wir nicht."

Meine Großmutter schaute siegessicher in Richtung der kleinen gelben Fläschchen und zeigte darauf: „Na da steht doch der Lemonagschmack." Wütend meinte die Verkäuferin: „Bei uns heißt das Zitronengeschmack. Sie kommen bestimmt aus Serrahn, wo sie alle so komisch reden." Ich bekam einen roten Kopf. Meine Großmutter antwortete nichts. Wir zahlten und gingen aus dem gut mit Kundschaft gefüllten Laden. Einige lachten wohl auch. Aber das war ja auch die andere Welt.

1. Die Teilung der Welt

Serrahn war wirklich eine Welt für sich. Fuhren die Leute aber an Werktagen nach Krakow am See oder Güstrow zur Arbeit, war Schluss mit lustig und auch sie mussten wieder auf jedes Wort, das sie sprachen, aufpassen. Auch mir als Kind war zu diesem Zeitpunkt völlig klar, dass ich meinen Spruch niemals in Schwaan erzählen dürfte. Politische Witze waren damals absolut tabu, und wer sich dabei erwischen ließ, musste im schlimmsten Fall mit Gefängnis rechnen.

Heute ist die Dorfgemeinschaft der Bessarabiendeutschen in Serrahn längst auseinandergefallen. Die Kinder und Enkel der Bessarabier zog es schon zu meinen Kindertagen in die Städte. Dort, wo sie Berufe erlernten, gründeten sie auch ihre Familien und viele entfernten sich im Lauf der Zeit immer mehr von Gott. Somit bekam die SED letztlich doch, was sie wollte.

2. „Der kleine Pastor muss zur Christenlehre"

Ja, Erfolg hatte die Partei zweifellos – und dafür war ihr anscheinend jedes Mittel recht. Für Ihre Familie bedeutete das ein Leben unter dem Damoklesschwert des Kindesentzugs. Wann ist Ihnen persönlich bewusst geworden, was die Stunde geschlagen hatte? Mit Eintritt in die Schule? Wie gestaltete sich eigentlich das Leben der kleinen Nachwuchssozialisten in dieser Anstalt?

Anstalt ist in diesem Zusammenhang eine merkwürdige Bezeichnung. Aber je länger ich darüber nachdenke, wie ich eine Anstalt beschreiben würde, desto mehr schwant mir, dass Sie vielleicht ein bisschen recht haben könnten. Man kann sich den Anordnungen der Herrschenden in einer Anstalt nur schwer entziehen, es sei denn, man lebt völlig in sich gekehrt, und an Abhauen ist erst recht nicht zu denken.

1969 wurde es höchste Zeit, dass ich endlich in die Schule kam. Nicht nur meine Mutter sah dies so, auch ich selbst wollte gern in die 1. Klasse unserer Schwaaner POS aufgenommen werden. Bei der POS handelte es sich um die Polytechnische Oberschule, die das gesamte Schulsystem der DDR in einem Schultyp vereinte. Diese sozialistische Bildungseinrichtung besuchten alle Kinder zehn Schul-

2. „Der kleine Pastor muss zur Christenlehre"

jahre lang. Sehr wenige warfen das Handtuch vor der 8. Klasse, und einen einzigen Fall kenne ich, da ging ein Schüler von der 6. Klasse ab. Was polytechnisch heißt, davon hatte ich damals keine Ahnung. Heute denke ich, dass es um die Vermittlung einer guten Allgemeinbildung in allen Fachbereichen, vielleicht auch die allseitige Bildung junger sozialistischer Staatsbürger ging.

Der Übergang vom Kindergarten zur Schule erscheint mir selbst aus heutiger Sicht hervorragend durchdacht gewesen zu sein. Schon in den letzten Wochen des Kindergartens besuchte uns des Öfteren unsere zukünftige Klassenleiterin, um uns kennenzulernen. Spielerisch brachte sie uns die ersten Zahlen bei und wir wussten bald, mit welchen Buchstaben unsere Namen geschrieben wurden. Ich war damals so schüchtern, dass ich nicht mal damit prahlte, bereits lesen zu können. Angefangen hatte es damit, dass mir mein Cousin aus dem Westen Matchboxautos geschickt hatte. Auf den Autotüren standen kurze Wörter. Ich malte aus Langeweile die Buchstaben ab und nervte meine Mutter damit, mir doch zu verraten, was die einzelnen Buchstaben bedeuten. Sie tat dies nur sehr zögerlich, weil sie meinte, wenn ich als Erstklässler bereits am ersten Schultag lesen könnte, würde ich mich in der Schule nur langweilen. Aber ich konnte gut nerven und so verriet sie mir doch, was ich wissen wollte. Dass man dann, wenn man die Buchstaben eines Wortes zusammenzieht, hinter das Geheimnis des gesamten Wortes kommt, habe ich ganz allein herausgefunden und lange Zeit für mich behalten. Oft las ich in kürzester Zeit ganze Artikel aus der Zeitung. Vielleicht war es für meine Entwicklung ganz gut, dass ich lesen, den Sinn des Zeitungsbeitrages aber noch nicht erfassen konnte. Wir hatten natürlich wie alle das Zentralorgan der Sozialistischen Einheitspartei des Bezirkes Schwerin, die „Schweriner Volkszeitung" abonniert.

2. „Der kleine Pastor muss zur Christenlehre"

Gelangweilt habe ich mich dann später nicht im Deutschunterricht. Während meine Mitschüler sich mit den unbekannten Buchstaben abmühten, schulte ich mein Talent als Beobachter.

Wirklich verbessert hat sich meine Situation, was die Teilung der Welt betrifft, aber auch in der Schule nicht. Schon nach wenigen Wochen in der ersten Klasse hatte ich meinen ganz privaten Todfeind klar im Visier – meine Hortnerin. Leider war sie mir haushoch überlegen. Wo sie nur konnte, stellte sie mich bloß. In meinen Augen war sie das reinste Scheusal. Schnell hatte ich herausbekommen, warum dies so war. Sie war eine Kirchenhasserin durch und durch. Ich konnte ihr nicht entkommen, denn fast alle Schulkinder waren nach den Schulstunden oder vor Unterrichtsbeginn im Hort. So gut wie alle Väter und Mütter gingen ja arbeiten, weil in der DDR ein ständiger Mangel an Arbeitskräften herrschte. Außerdem war die Berufstätigkeit der Frau ein Zeichen der Gleichberechtigung im Sozialismus.

Bis zur 4. Klasse mussten alle Schüler in den Hort. Nur der großen Klappe meiner Mutter verdanke ich es, dass ich bereits ab der 3. Schulklasse einen Sonderweg gehen konnte. Nach der letzten Unterrichtsstunde war ich einer der ganz wenigen, die sofort nach Hause gehen durften. Um den Hort machte ich genussvoll einen weiten Bogen. Von einem drohenden Damoklesschwert des Kindesentzugs habe ich nie wieder etwas gespürt. Vielleicht hat meine Mutter instinktmäßig immer genau gewusst, wie weit sie in Auseinandersetzungen mit Lehrern und Hortnerinnen gehen durfte. Wäre sie politisch aktiv gewesen, und zwar nicht im Sinne des ersten deutschen Arbeiter-und-Bauern-Staates, wäre ich wohl bald ein Fall für die staatliche Obhut geworden. Glücklicherweise ist meine Mutter über den privaten Rahmen hinaus nie in dieser Richtung aktiv geworden.

2. „Der kleine Pastor muss zur Christenlehre"

In den Klassen eins bis vier hatten wir Heimatkunde. Es lag im Ermessen der jeweiligen Schule und vielleicht auch des jeweiligen Lehrers, wie politisch es in diesem Unterricht zuging. Ich erinnere mich zum Beispiel an die schlimme Zeit des Vietnamkrieges in den 70er-Jahren. Unzählige Male hörten wir von den abscheulichen Verbrechen des kapitalistischen Aggressors USA. Wir sangen Lieder von unserer bunten sozialistischen Heimat und ich sang voller Inbrunst mit, weil man uns einbläute, dass unser Gesang den Genossen in Vietnam eine große Hilfe sei. Wie die eigene Befreiung kam es uns vor, als wir eines Morgens in die Schule kamen und alle zum Fahnenappell antreten mussten. Mit Tränen in den Augen erzählte uns unsere Lehrerin: „Dank der internationalen Solidarität hat das heldenhafte Volk von Vietnam den Verbrecher USA bezwungen."

Einen anderen großen Sieg haben wir sozialistischen Pioniere vor den internationalen Weltfestspielen 1973 in Berlin gefeiert. Wieder waren die USA unser Feind. Die hatten die schwarze Kommunistin und Bürgerrechtlerin Angela Davis eingesperrt. Dabei sollte sie doch zu den Weltfestspielen zu uns nach Berlin kommen. Unser Schulhaus hatten wir mit Wandzeitungen und Unterschriften zugepflastert, um die Freiheit dieser Heldin zu fordern.

Hoppla, ein großer Sieg des Jungen Pioniers Christian Döring? Wie sind Sie denn in diesen Verein geraten? Und wie ging das zusammen mit den christlichen Überzeugungen Ihrer Familie?

Ja, ich war eine ganze Zeit lang ein begeisterter Jungpionier. Tat man denn nicht etwas Gutes, wenn man anderen Menschen half, die für nichts und wieder nichts im Gefängnis sitzen mussten? „Internationale Solidarität" wurde das genannt. Unzählige Aktivitäten

2. „Der kleine Pastor muss zur Christenlehre"

gab es unter diesem Motto für alle Bevölkerungskreise der DDR. Wenn sich auch Theorie und Praxis in Bezug auf die Planerfüllung in den sozialistischen Betrieben nur selten trafen – das gesellschaftlich-politische Leben war in der DDR hervorragend organisiert. Über eine genaue Statistik verfüge ich nicht, aber schätzungsweise gehörten wohl 97 Prozent aller DDR-Schüler der Pionierorganisation *Ernst Thälmann* an. In unserem Pionierausweis waren alle Gebote aufgeschrieben, an die sich jeder Jungpionier zu halten hatte:

- Wir Jungpioniere lieben unsere Deutsche Demokratische Republik.
- Wir Jungpioniere lieben unsere Eltern.
- Wir Jungpioniere lieben den Frieden.
- Wir Jungpioniere halten Freundschaft mit den Kindern der Sowjetunion und aller Länder.
- Wir Jungpioniere lernen fleißig, sind ordentlich und diszipliniert.
- Wir Jungpioniere achten alle arbeitenden Menschen und helfen überall tüchtig mit.
- Wir Jungpioniere sind gute Freunde und helfen einander.
- Wir Jungpioniere singen und tanzen, spielen und basteln gern.
- Wir Jungpioniere treiben Sport und halten unseren Körper sauber und gesund.
- Wir Jungpioniere tragen mit Stolz unser blaues Halstuch.
- Wir bereiten uns darauf vor, gute Thälmannpioniere zu werden.

Äußere Erkennungszeichen waren das blaue Halstuch und ein Pionierausweis. Das blaue Halstuch wurde zum Fahnenappell und

2. „Der kleine Pastor muss zur Christenlehre"

zum Pioniernachmittag umgebunden. Wer es vergaß, bekam eine schlechte Note im Bereich „Ordnung". Ja, auch bei uns gab es Zensuren für „Ordnung", „Fleiß", „Mitarbeit" und „Betragen".

Ich glaube, in der 4. Klasse wurden wir dann alle Thälmannpioniere und bekamen in einer feierlichen Zeremonie statt des blauen ein rotes Halstuch überreicht. Rot stand für die Arbeiterklasse und für das Blut, mit dem wir bei einem Angriff der BRD unsere sozialistische Heimat verteidigen würden.

Ich weiß noch, wie wir alle rote Nelken für den Griechen Mikis Theodorakis malten. Es hieß, wenn sie besonders schön würden und jeder Schüler zwei im Unterricht fertig bekäme, dann würde der Komponist bald wieder frei sein. Das war vielleicht ein emsiges Pinselschwingen ...

Noch heute gebe ich Ihnen mein Pionierehrenwort darauf, dass es sich eine ganze Zeit lang nicht schlecht anfühlte, zu dieser Gemeinschaft zu gehören. Das war ja in gewisser Weise das Gesamtkonzept der DDR: „Mach alles mit, scher nie aus, und dann ist alles okay." Außerdem hatte ich keine Lust, noch mehr zum Einzelgänger zu werden, als ich es ohnehin schon war.

Ein bewusstes „Ja" zu den Pionieren aber habe ich rückblickend nie gegeben. Auch hat meine Mutter oder sonst jemand aus meiner Verwandtschaft das nie offiziell abgesegnet. Einige Wochen nach der Einschulung wurde ein Nachmittag als erster Pioniernachmittag angekündigt. Erscheinen war natürlich Pflicht. Und dort wurden wir dann wie selbstverständlich klassenweise in die Organisation aufgenommen.

Ich kenne nur einen einzigen Fall aus meiner gesamten Schulzeit, wo die Eltern sich weigerten, ihren Sohn in die Pionierorga-

2. „Der kleine Pastor muss zur Christenlehre"

nisation eintreten zu lassen. Die Eltern waren strenge Katholiken und gingen bis zum Genossen Schuldirektor. Ihm sagten sie, dass ihr Sohn aus religiösen Gründen nicht Mitglied dieser Organisation werden würde. Der Direktor hörte sich das alles an, konnte aber vorderhand nichts dagegen tun, weil die Mitgliedschaft offiziell freiwillig war. Der Junge musste allerdings ab sofort Spießruten laufen. Er durfte nicht an den Pioniernachmittagen teilnehmen, auch dann nicht, wenn wir an diesen Nachmittagen unsere großen Feste feierten, wie zum Beispiel Fasching oder Kindertag. Außerdem machte sich die Entscheidung seiner Familie in den Zensuren bemerkbar, denn nur regelmäßiges Erscheinen bei Pioniernachmittagen brachte gute Noten im wichtigen Fach „Mitarbeit". Dieser Junge hat also nur schlechte Noten bekommen. Ich bin mir sicher, dass er über die Jahre hinweg sehr gelitten hat an seiner Situation.

Sehr genau kann ich mich noch an den 1. März 1972 erinnern. Es war der *Ehrentag der Nationalen Volksarmee* und ausgerechnet meine Schulklasse hatte die Ehre, den Genossen Soldaten rote Nelken zu überreichen. Ausführlich wurden wir auf diesen Tag vorbereitet. Große Aufregung entstand, als unsere Klassenleiterin uns darüber informierte, dass alles gefilmt würde und wir am Abend in der „Aktuellen Kamera" zu sehen sein würden. Das war in der DDR die allabendliche Hauptnachrichtensendung. Wir wurden hinaus in den Vorbecker Wald gefahren, kletterten dort aus dem Bus und sahen auf einem Berg etwa dreißig Soldaten stehen. Unsere Aufgabe bestand darin, mit der roten Nelke in der Hand diesen Hügel zu erklimmen und die Nelke, oben angekommen, einem Soldaten zu überreichen. Dann sollten wir gemeinsam mit den Soldaten den Berg hinunterschauen und in die Kamera winken. Eine herrliche Inszenierung, aber niemand hatte uns zuvor gesagt, dass diese Szene

2. „Der kleine Pastor muss zur Christenlehre"

sechs Mal gedreht werden musste. Danach waren wir durchgefroren, völlig außer Puste und löffelten gemeinsam mit den Soldaten eine übel stinkende Erbsensuppe.

Im Anschluss daran durften wir in Panzer hineinklettern und den Soldaten bei Schießübungen zuschauen. Den Mädchen aus meiner Klasse gefiel das überhaupt nicht, die Jungs waren größtenteils begeistert. Ich hingegen stand rum und machte mir Sorgen. Wenn die BRD uns wirklich angreift und ich mitschießen muss, was mache ich dann bloß mit meiner Westverwandtschaft?

Vielleicht klingt das heute lächerlich. Aber das waren Fragen, die mich tagelang grübeln ließen. Ich kannte niemanden, mit dem ich darüber hätte sprechen können. Es gab für mich durchaus lange Zeiten des Grübelns und Abwägens. Ja, ich ging sonntags in die Kirche, jeden Sonntag. Ich wusste, meine Schwaaner Kirchengemeinde wurde von ihrer Partnergemeinde in der kapitalistischen BRD unterstützt. Ich wusste auch, dass meine Verwandtschaft im Westen lebte und ich zu jedem Fest auf ihre Westpakete hoffte. Aber irgendwann wurde mir auch klar, dass dies der kapitalistische Klassenfeind war, der in Vietnam Kinder getötet und der Mikis Theodorakis ins Gefängnis gesteckt hatte. Für mich war das eine schlimme Zeit. Immer hatte ich das Gefühl, mich für eine Seite entscheiden zu müssen. Vielleicht war es auch ganz einfach der unbewusste Wunsch, meine geteilte Welt zu verlassen. Glauben Sie mir, ein Leben lang immer gegen den Strom zu schwimmen, ist kein Genuss.

Am Abend des 1. März 1972 war die Enttäuschung über den Tag dann perfekt – wie sehr hatten wir uns darauf gefreut, uns im Fernsehen sehen zu können. Aber dann war der Bericht nur wenige Sekunden lang. Damit war zumindest das Thema NVA für mich schon mal abgeschlossen.

2. „Der kleine Pastor muss zur Christenlehre"

Es ist unbestritten – die Pionierorganisation *Ernst Thälmann* war die Kaderschmiede der Partei. Alle, die voller Inbrunst mitmachten, waren integriert. Wer ausscherte, der war draußen. Ich schäme mich nicht, heute zuzugeben, dass mir die Tränen in den Augen standen, als ich wenig später die von mir freigekämpfte Angela Davis in Berlin im DDR-Fernsehen sah.

Noch durchschaute ich die Propaganda nicht.

Das klingt nach „political correctness made in GDR": Im Kindergarten Propaganda, der Schule Propaganda, bei den Pionieren Propaganda – war denn die einzige propagandafreie Zone in der DDR das Dörfchen Serrahn?

Oh nein, auch während der Christenlehrestunden blieb die Indoktrination vor der Tür. In der DDR gab es an den Schulen keinen Religionsunterricht, wir hatten dafür den Staatsbürgerkundeunterricht.

Um Kindern das Wort Gottes näherzubringen, erfand die evangelische Kirche in der DDR die Christenlehre. In den Nachmittagsstunden trafen sich Kinder in den Räumen der Kirchengemeinde und eine Katechetin erzählte Geschichten aus der Bibel, sang mit uns oder es wurde gebastelt. Von der ersten Stunde an war ich verliebt in meine Katechetin.

Noch heute kann ich mich an viele ihrer Christenlehrestunden erinnern. An einer Tafel in der Winterkirche, einem abgetrennten, beheizbaren Raum, in dem im Winter auch die Gottesdienste stattfanden, weil es dann im großen Kirchenraum viel zu kalt gewesen wäre, hatte die Katechetin die Strophen eines Kirchenliedes aufgeschrieben. Und mit diesem Lied zusammen erzählte sie uns eine bib-

2. „Der kleine Pastor muss zur Christenlehre"

lische Geschichte. Oft bastelten wir auch eine Kleinigkeit, die dann jeweils etwas mit dem Thema der Stunde zu tun hatte. Am Ende hatten wir Kinder wie durch ein Wunder die drei oder fünf Liedverse auswendig drauf. Den Prozess des Lernens hatten wir überhaupt nicht mitbekommen, so faszinierend konnte unsere Katechetin biblische Geschichten erzählen.

Meiner Katechetin gelang es, uns in gemütlichen Stunden christliche Werte zu vermitteln. Und das alles ohne je eine DVD zu schauen oder auch nur einmal im Internet gewesen zu sein. Eine Tafel, ein wenig Kreide, ein wenig Bastelmaterial und eine glaubwürdige Person, die vor uns stand – das reichte aus. Noch heute erinnere ich mich sehr gern an diese Stunden.

Unsere POS war dreizügig und in jeder Klasse waren um die 30 Schüler. Aus jedem Jahrgang kam eine Christenlehregruppe von etwa vier Kindern zusammen. Dies macht ein wenig die Mehrheitsverhältnisse deutlich. Wir waren nun mal ein kleines Häuflein. Die Kirche meiner Heimatstadt Schwaan steht in direkter Nachbarschaft zum Schulhof der POS. Oft wurde während der Christenlehrestunden die Kirchentür aufgerissen und wir wurden von älteren Schülern ausgelacht oder beschimpft. Wer geht denn heute noch in die Kirche?

Unsere Katechetin, Frau Schwebcke, ertrug all diese Schikanen in völliger Ruhe. Als wir ihr einmal rieten: „Schließen Sie doch einfach die Kirchentür zu, bis die Stunde um ist", meinte sie nur lächelnd: „Aber das kann ich doch nicht machen. Stellt euch mal vor, einer von euch kommt zu spät, wir hören doch gar nicht sein Klopfen."

Das sahen wir ein. Mir tat diese Frau unendlich leid und ich bewunderte sie. In gewisser Weise erinnerte sie mich an meine Großmutter, auch wenn meine Katechetin wohl 40 Jahre jünger war.

2. „Der kleine Pastor muss zur Christenlehre"

Noch schlimmer waren die großen Pausen während der Unterrichtszeit. Pünktlich um 9.30 Uhr klingelte unsere Schulglocke und wir durften alle für 20 Minuten auf den Pausenhof. Ein paar Rabauken hatten dann ganz schnell einen Stein in der Hand und zielten damit auf die Kirchenfenster. Obwohl immer ein Lehrer Hofaufsicht hatte, habe ich nie einen einschreiten sehen. Manchen amüsierte es sogar, wenn eine der vielen kleinen teuren Glasscheiben zu Bruch ging. Als ich einmal wütend zu meiner Klassenleiterin ging – sie hatte gerade Hofpause –, um ihr zu sagen, dass ein Schüler gerade eine Fensterscheibe kaputt geworfen hatte, grinste sie mich nur an und sagte: „Ach Christian, ich hab nichts gesehen."

Da wusste selbst der Erstklässler Christian Bescheid, wo es lang ging. Viele kleine solcher Erlebnisse entschieden dann letztlich über den Ausgang meiner stillen Grübeleien. Ich begann langsam zu erkennen, dass die offiziell herrschende Ideologie Risse hatte.

Meine Christenlehrestunde begann immer dienstags um 14 Uhr. Die Schule war da längst aus, aber ich musste während der ersten beiden Schuljahre ja noch bis 15 Uhr im Hort bleiben. Nur für dienstags hatte meine Mutter eine Ausnahme erwirkt. Um kurz vor 14 Uhr waren wir jeweils gerade in der Schülerspeisung fertig und dann rief die mir verhasste Hortnerin einmal mehr durch den riesigen Speisesaal: „Der kleine Pastor muss zur Christenlehre."

Jeden Dienstag um kurz vor zwei bekam ich also einen hochroten Kopf, schnappte mir meinen Ranzen und stiefelte wütend aus dem Saal. Alle Kinder lachten und kreischten, manche riefen auch: „Ha, da rennt er, der kleine Pastor."

Das Verhalten meiner Klassenleiterin und meiner Hortnerin kostete mich nach und nach meine anfänglich große Freude an der Schule. Ich wurde zum Einzelgänger und suchte mir meine weni-

2. „Der kleine Pastor muss zur Christenlehre"

gen Freunde immer sorgfältiger aus. Durchgestanden habe ich das alles nur, weil ich mir immer sagte, in wenigen Minuten sitze ich bei meiner Katechetin Frau Schwebcke und keiner kann mir mehr etwas anhaben.

Später verstärkte noch eine weitere Tatsache meinen Spitznamen. Da zu Schwaan eine große Zahl von Dörfern gehörte und sich bei uns der zentrale Friedhof befand, gab es täglich Beerdigungen. Diese begannen in der Regel um 13 Uhr. Um 12.40 Uhr war meine letzte Schulstunde zu Ende, und da ich ab der dritten Klasse nicht mehr in den Hort musste, konnte ich dann nach Hause gehen. Und fast immer, wenn ich auf Höhe der Pfarrhaustür war – das Pfarrhaus befand sich gleich neben dem Pausenhof –, kam der alte Pastor Götze im wehenden schwarzen Talar heraus und begab sich gemeinsam mit mir in Richtung Friedhof.

Wir hatten den gleichen Weg und so gingen wir zwanzig Minuten durch unsere Stadt. Der kleine Schüler und der alte Pastor im Talar. Für einige Schwaaner war dieser Mann in seinem Aufzug sicher eine Provokation, aber mit seinen über 60 Lebensjahren war er eben auch eine Respektsperson in dieser Stadt. Ich habe nie erfahren, dass jemand Druck auf ihn ausgeübt hätte wegen seines wehenden Talars in den Schwaaner Straßen.

Natürlich wurden meine Spaziergänge mit dem Pastor bald in der Schule bekannt. Sie wurden sogar auf einem Pioniernachmittag „verhandelt". Andere Schüler brachten dieses Thema vor das Tribunal. Sie redeten sich auf dem Pioniernachmittag in Rage und meine Klassenleiterin empfahl mir, ab sofort einen anderen Schulweg zu nehmen. Ich äußerte mich nicht, war aber geschockt, dass dieser Beschluss einstimmig ausfiel. Hatte ich wirklich keinen einzigen Freund mehr?

2. „Der kleine Pastor muss zur Christenlehre"

Schon am nächsten Tag war meine Mutter bei der Lehrerin. Meine Mutter war eine sehr kleine, aber resolute Person. Sie stellte die Lehrerin zur Rede und fragte nach dem Grund für ihre Anordnung. Da die Lehrerin nicht zur Zufriedenheit meiner Mutter antwortete, ging meine Mutter mit den Worten: „Christian wird seinen Weg gehen wie immer, und wenn Ihnen das nicht passt, dann wende ich mich an den Direktor und melde Christian bei den Pionieren ab."

Als ich das hörte, klang es für mich wie ein Erdbeben. Wenn ich nicht mehr zu den Pionieren gehörte, wäre ich erledigt, doch die Aufregung legte sich glücklicherweise bald wieder. Ich ging weiter mit Pastor Götze durch die Schwaaner Straßen und die Lehrerin schwieg.

Aber meinen Namen „der kleine Pastor" – den hatte ich noch einige Schuljahre zu tragen ...

3. „Einen Weihnachtsmann bekommen Sie nicht!"

Das sind ja doch erhebliche Schwierigkeiten, die Sie in Kauf genommen haben. Daraus schließe ich, dass Ihnen der Glaube an Gott und die Geborgenheit, die Sie in Familie und Christenlehre erlebten, genug innere Widerstandskraft vermittelt haben, um diese Turbulenzen durchzustehen. Für den Bedarf Ihrer Seele war also anscheinend ausreichend gesorgt.
Wie aber stand es um Ihre leiblichen Bedürfnisse? Auf westdeutschen Mattscheiben erschien der Ostblockbewohner häufig als unfreiwilliger, aber passionierter Schlangesteher vor leer geräumten Läden. Wie haben Sie die sozialistische Mangelwirtschaft erlebt?

Eine große Errungenschaft feierte unser sozialistisches Wohngebiet, als wir Mitte der 70er-Jahre einen supermodernen „Konsum" bekamen – einen großen Flachbau mit allen Waren des täglichen Bedarfs, die das sozialistische Versorgungssystem für seine Bürger vorsah. Schon wenige Wochen nach seiner Eröffnung waren unsere beiden Tante-Emma-Läden pleite und verschwunden. Bei denen aber war das Einkaufen für einen Steppke wie mich sehr einfach gewesen. Ich legte den Einkaufszettel meiner Mutter auf den Verkaufstisch und meine geliebte Tante Kratz, übrigens auch

3. „Einen Weihnachtsmann bekommen Sie nicht!"

eine Kirchgängerin, begann sofort die Hälfte der aufgeschriebenen Produkte auf meinem Einkaufszettel durchzustreichen, was in der Übersetzung bedeutete: „Hab ich leider nicht." So ging ich dann mit meiner mageren Ausbeute und einem Bonbon, den ich mir immer aus einer großen Glasschale aussuchen durfte, wieder nach Hause.

Die Ost-Supermärkte waren nicht klein, vergleichbar sogar mit einem Aldi- oder Lidl-Markt heute. Das leidige Problem aber war, dass viele Regale „gestreckt" waren. Das bedeutete, dass sich zum Beispiel Mehltüten, die in Normalzeiten ein zwei Meter breites Regal füllten, in Zeiten, in denen die Nachbararartikel nicht zu haben waren, durchaus über vier oder sechs Meter erstrecken konnten. Und dabei gab es bei uns nur eine Sorte Mehl. Zucker war übrigens in den Sommermonaten immer knapp. Wenn die Leute ihre Einweckgläser für den Winter füllten, brauchten sie natürlich Zucker. Viele kauften aus Sorge, am nächsten Tag nichts mehr zu bekommen, gleich vier Tüten mehr und verschlimmerten dadurch die Lage noch weiter.

Manchmal geschah es auch, dass mich Tante Kratz von der Schule kommen sah und mich zu sich rief. Dann bekam ich einen Zettel in die Hand gedrückt, auf dem beispielsweise geschrieben stand: „Ich hab noch zwei Flaschen Limonade." Mit diesem Zettel flitzte ich dann wie ein Olympionik nach Hause, zeigte ihn meiner Mutter und wusste bereits, dass ich mir die beiden Flaschen meines Lieblingsgetränkes holen durfte. Es war nicht teuer, pro Flasche ganze 21 Pfennige.

Aber die arme Tante Kratz – wenn man mit zwei kleinen Läden ein großes Wohngebiet mit etwa 3000 Einwohnern zu versorgen hat, dann reichen halt zwei Kisten pro Verkaufsstelle nicht aus. Schon gar nicht, wenn auf dem Kalenderblatt Juli steht und der

3. "Einen Weihnachtsmann bekommen Sie nicht!"

Sommer heiß ist. Gut, dass wir diese Beziehungen hatten, so bekamen wir wenigstens hin und wieder „Bück-dich-Ware". Diese knappen Artikel wurden von den Verkäufern zurück und bereit gehalten für Leute, mit denen sie Schwarz- oder Tauschgeschäfte machten. Ich habe dieses System später selbst zur Genüge erlebt und auch zu meinem Vorteil genutzt, nämlich als ich Maler war. Handwerker wurden oft von Verkäuferinnen angesprochen: „Sie, ich hätte da eine Schallplatte von dieser neumodernen Gruppe aus dem Westen, ich glaub, die heißen ABBA. Wenn Sie mir meine Küche malern, dann verkauf ich sie Ihnen."

So funktionierte unser real existierender Sozialismus.

Tja, mit unserer großen, modernen Einkaufshalle sollte nun aber alles besser werden, so jedenfalls hatte es am Eröffnungstag in der Zeitung gestanden. Sogar eine Ecke für Obst und Gemüse war vorgesehen. Aber schon am Eröffnungstag waren dort alle Regale leer. Zunächst hieß es, die Lieferung habe sich verzögert, aber nach einer Woche glaubten nicht einmal mehr die Genossen daran. Im Dezember lagen hin und wieder die verhassten Kuba-Apfelsinen in den Regalen, die man nicht essen konnte, weil sie kein Fruchtfleisch, sondern trockenes Stroh in sich bargen. So schmeckten sie jedenfalls. Ich sehe mich noch als Kind auf diesen Dingern herumkauen. Mein Mund war immer gut gefüllt, weil ich das Zeug einfach nicht runterkriegte. Trotzdem kauften wir kurz vor Weihnachten regelmäßig die vier scheußlichen Orangen, die uns zustanden, damit es unter dem Weihnachtsbaum wenigstens etwas weihnachtlicher aussah. Nach dem Fest flogen diese „Südfrüchte" dann auf den Misthaufen.

Im Rückblick habe ich immer das Bild der ständig leer gefegten Obstregale vor Augen. Natürlich lagen im September oder Oktober

3. „Einen Weihnachtsmann bekommen Sie nicht!"

Rotkohl- oder Weißkohlköpfe in den Regalen. Aber auch nur dann. Und natürlich musste man sofort zuschlagen und sie kaufen und zu Hause lagern. In meiner Gegend hatten die Leute Kleingärten. Immer wenn sie von einer Sache zu viel angebaut hatten, brachten sie ihre Ernte in die Einkaufshalle und boten sie dort an. Schon nach wenigen Minuten waren diese Produkte ausverkauft. Für mich als Schüler war das eine sehr gute Sache. Auch wir hatten einen Garten und ich hatte mich auf Petersilie und Bartnelken spezialisiert. Das kostbare Grünzeug durfte ich in den Supermarkt liefern, um mir etwas dazuzuverdienen. Die Bartnelken waren oft schon verkauft, bevor ich den Laden verlassen hatte. Von der Petersilie verkaufte ich nur die Krause, die besonders schwer ist. Für ein Kilo bekam ich zwölf Mark. Für einen Schüler wie mich war das viel Geld.

Na sieh mal einer an: von Tante Kratz bis zu Christian, dem kleinen Gemüsegärtner – anscheinend gab es doch noch ein paar privatwirtschaftliche Nischen. War es denn tatsächlich möglich, einfach so auf ein Gewerbeamt zu gehen und ein kleines Privatgewerbe anzumelden? Oder ging das auch nur mit einer ABBA-Platte unterm Arm?

Also, auf einem Gewerbeamt bin ich in der DDR nie gewesen. Ich bin einfach in den Konsum gegangen, habe pro forma nachgefragt, ob ich heute Nachmittag meine Petersilie bringen dürfe, bekam in jedem Fall ein „Ja" und hatte den bürokratischen Teil damit erledigt. Und jetzt werde ich Sie als Wessi mal gründlich schocken! Wenn ich Petersilie im Wert von 12 Mark der DDR an den Konsum verkauft habe, dann wurde meine Petersilie auch zu genau diesen 12 Mark an den Endkunden weiterverkauft. Der Verkäuferin ging

3. "Einen Weihnachtsmann bekommen Sie nicht!"

es eben nicht um Gewinnmaximierung, sie bekam ja sowieso ein feststehendes Gehalt, egal ob und was und wie viel sie verkaufte.

Der private Handel funktionierte also ganz gut im real existierenden Sozialismus, dessen Planwirtschaft wiederum überhaupt nicht funktionierte. Ein Beispiel: Obwohl ich inzwischen wohl schon in der 5. oder 6. Klasse war, legte ich doch weiterhin großen Wert auf meinen bunten Weihnachtsteller, und einen Schokoladenweihnachtsmann wollte ich natürlich auch haben. An diesen aber heranzukommen, führte je nach Versorgungslage mal mehr, mal weniger zu einem wahren Abenteuereinkauf. Niemand wusste, wann die begehrten Hohlkörper in die Regale geliefert wurden. Also ging ich mit meiner Mutter in der Adventszeit jeden Nachmittag in die Einkaufshalle.

In einem Jahr – der dritte Advent war bereits vorbei und ein Schokoladenweihnachtsmann immer noch nicht in Sicht – fragte meine Mutter eine der Verkäuferinnen: „Sag mal, wann bekommen wir denn eigentlich in diesem Jahr die Weihnachtsmänner zu kaufen?"

Der jungen Verkäuferin, die meine Mutter schon als Kind gekannt hatte, war diese Frage sichtlich unangenehm. Sie antwortete: „Die sind bereits durch. Wir haben keine mehr. Außerdem geht Christian schon in die 5. Klasse, da hätten Sie sowieso keinen kaufen dürfen."

Das war selbst für meine Mutter zu viel. Laut und deutlich, sodass es jeder in der Halle hören konnte, antwortete meine Mutter: „Also Heike, jetzt hör mal genau zu. Ich gehe erst wieder aus dem Laden raus, wenn ich zwei Weihnachtsmänner in meinem Einkaufswagen habe."

Die Leute starrten uns an und ich muss rot wie ein Feuermelder

3. „Einen Weihnachtsmann bekommen Sie nicht!"

geworden sein. Meine Mutter aber schob in aller Seelenruhe ihren Wagen an den Regalen vorbei. Die angespannte Stimmung schien sich ein wenig zu verflüchtigen und ich flüsterte meiner Mutter zu: „Lass uns gehen, ich will gar keinen Weihnachtsmann mehr haben."

Immerhin wusste ich von meinem Privileg, am Heiligabend zwei Westpakete öffnen zu dürfen. Aber meine Mutter dachte überhaupt nicht daran, den Laden zu verlassen. Als sie mit mir im Schlepptau wohl zum dritten oder vierten Mal an den Regalen vorbeilief, kam Heike und flüsterte ihr zu: „Frau Döring, bitte gehen Sie jetzt, ich bring Ihnen heute Abend zwei Weihnachtsmänner nach Hause!"

Aber meine Mutter ging nicht darauf ein. Schließlich wollte sie die Weihnachtsmänner ganz regulär in ihrem Einkaufswagen zur Kasse fahren. So einigten sich die beiden darauf, dass die Verkäuferin die Weihnachtsmänner im Lager in Papiertüten versteckte, den Preis daraufschrieb und meine Mutter dann unverzüglich an die Kasse ging. Mir war die Angelegenheit furchtbar peinlich, ein Gefühl von Stolz auf diesen Jagderfolg stellte sich bei mir erst Jahre später ein.

Erlebnisse dieser Art halfen mir schon früh zu begreifen und zu akzeptieren, dass meine Wünsche bescheiden sein mussten. Zum Glück hatte ich ja Westverwandtschaft. Es ist heute fast unvorstellbar, wie ich es genoss, ein Westpaket zu öffnen. Allein dieser Duft ...

Aber zurück zum Supermarkt. Auch die Versorgung mit Fleisch war eine Katastrophe. Kamen die Arbeiter nachmittags um 16 Uhr zum Schlachter, wurde dort bereits der Verkaufsraum gewischt, weil die Regale leer waren. Besser hatte es da meine Mutter. Als Köchin saß sie gewissermaßen an der Quelle. Mutig schnitt sie gelegentlich von dem Fleisch, das ihr auf ihrer Arbeitsstelle ungleich häufiger vors Messer kam, etwas ab und brachte dieses Diebesgut auf den

3. „Einen Weihnachtsmann bekommen Sie nicht!"

sonntäglichen Mittagstisch. Weder sie noch ich hatten ein schlechtes Gewissen deswegen – interessant, was Mangelwirtschaft auslösen kann.

Tauschgeschäfte, „Bück-dich-Ware" und das richtige Klauen – auch aus produzierenden Betrieben – nahmen immer mehr zu. Die Menschen stahlen nicht, weil sie so kriminell waren, sondern weil sie auf ehrliche Art nicht an die begehrten Produkte kamen. Viele, die das taten, arbeiteten ausgesprochen fleißig in ihrem jeweiligen Beruf und bekamen nur selten ein schlechtes Gewissen, wenn sie klauten.

Mein Großvater wurde immer fuchsteufelswild, wenn er nachmittags ein Brot kaufen wollte und weder beim Bäcker noch in der modernen Einkaufshalle eines bekam. Die wenigen, die gebacken wurden, hatten morgens die Rentner weggekauft. Auch diejenigen, die nebenbei Kleinvieh hatten, griffen reichlich zu. Das Brot war nämlich so billig, dass man es kistenweise kaufte und an Schweine, Hasen und Enten verfütterte. Warum es für Brot keine Rationierung gab, habe ich nie verstanden, gewünscht hätte ich es mir. Schließlich waren Bananen, Pfirsiche, Toilettenpapier und Farben ja auch rationiert, wenn es sie überhaupt mal gab. Heute kann ich darüber schmunzeln. Aber ich habe immerhin den Wert einer Rolle Toilettenpapier kennengelernt.

4. Noch ein Stückchen Antenne

Ein Bewusstsein für den Wert der kleinen Dinge des Alltags – auch wenn das unter so widrigen Umständen geformt wurde, gewinnt es doch heute wieder an Bedeutung, wo viel von Nachhaltigkeit die Rede ist und die Grenzen des Wachstums in vielen Bereichen erreicht scheinen.

Neben dem Mangel im Bereich der täglichen Bedarfsgüter gab es aber doch auch auf einem anderen Gebiet einen Mangel, der sich eher negativ auswirkte: Der Mangel an ungefärbter, objektiver Information.

Nach der Wende hat das westdeutsche Fernsehen dann und wann Ausschnitte aus einem Agitations-Magazin der DDR mit dem seltsamen Namen „Der Schwarze Kanal" ausgestrahlt. Unter der Regie von Karl-Eduard von Schnitzler brachte es dieser „Kanal" immerhin auf über 1500 Folgen. Die Westdeutschen haben den verschrobenen Verschwörungstheoretiker mit einer Mischung aus Staunen, Unglauben und Amüsement zur Kenntnis genommen. Für Sie aber war diese Propaganda tägliches Brot. Wie haben Sie das verdaut? Wie haben Sie die Arbeit der DDR-Medien erlebt?

Also, Herr Heinritz, dass Sie „Sudel-Ede" kennen, verwundert mich jetzt aber doch. Darf ich Sie auch ein wenig in Verwunderung versetzen? Ich habe mir tatsächlich jeden Montagabend um Punkt

4. Noch ein Stückchen Antenne

21.25 Uhr den „Schwarzen Kanal" mit „Herrn von Schnitz", wie er im Volksmund auch genannt wurde, *freiwillig* angeschaut.

Damals war ich in der fünften oder sechsten Klasse und hatte mir gerade das Recht erkämpft, den allmontäglichen „alten Film" sehen zu dürfen. Noch heute könnte ich auf der Stelle mit Hans Moser im Duett das Lied von der Reblaus singen. Selbst mit Marlene Dietrich habe ich zusammen geträllert und über so manch eine zerbrochene Liebe geweint. Ja, diese Montagabende hatten es mächtig in sich: Punkt 20 Uhr waren die Straßen der DDR leergefegt, weil es Filme aus den zwanziger und dreißiger Jahren zu sehen gab. War so ein Film dann zu Ende, kam „Sudel-Ede" ins Haus und erzählte uns DDR-Bürgern, wie es im Kapitalismus wirklich aussieht. Aus heutiger Sicht kann man sicher gut darüber lachen. Damals hab ich mir seine raffiniert zusammengestellten Szenen aus dem Westfernsehen angesehen und mir lange darüber den Kopf zerbrochen. Wie konnte es sein, dass es unseren Verwandten im Westen wirtschaftlich gut ging, „Sudel-Ede" aber den Eindruck erweckte, dass der kapitalistische Teil Deutschlands bald zusammenbrechen würde unter den Streiks, der Arbeitslosigkeit und der Inflation?

Gut, dass sich mir nach und nach andere Informationsquellen auftaten, die ein realistischeres Bild der Situation vermittelten. Und das kam so:

Etwa ab der fünften Klasse hatte ich mich eingerichtet in der Schule. Ein Einzelgänger war ich zwar immer noch, ich suchte mir aber gezielt die Leute aus, mit denen ich etwas zu tun haben wollte.

Einer von ihnen war ein Mitschüler, der ebenfalls aus einer christlichen Familie kam. Allerdings kam er mit dem Druck, ständig gegen den Strom anschwimmen zu müssen, nicht sonderlich gut zurecht. Im Gegenteil, er schwänzte häufig die Christenlehre und versuchte, durch diese vermeintliche „Heldentat" Eindruck bei den Klassenkameraden zu schinden, was ihm teilweise auch gelang. Irgendwie konnte ich sein Verhalten nachvollziehen, auch wenn er, um seine Beliebtheit zu fördern, mit den Wölfen heulte und mich sogar hänselte. Wir wurden dennoch Freunde, denn spätestens, wenn wir in unsere Heimatstraße einbogen, war jedes Kriegsbeil begraben. Natürlich auch deshalb, weil seine Familie eine der ersten in der Doberanerstraße war, die Westfernsehen schauen konnte.

Der Rest der Straße hatte zunächst nur *ein* Programm, und das war Fernsehen der DDR I. Erst später kam ein zweites dazu. Gesendet wurde immer ab 14 Uhr, unter anderem „Wie lerne ich Russisch?", später auch „Wie lerne ich Englisch?". Die Schule verpflichtete uns, politisch einwandfreie Filme zu schauen, welche in erster Linie auf diesem zweiten Fernsehsender liefen. So wurde auch „Der Schwarze Kanal" ab Klasse 9 Pflichtsendung für die Staatsbürgerkunde. Mit Schnitzlers exklusiven Informationen wurde im Unterricht gearbeitet, wer sie nicht hatte, konnte nicht mitreden, das heißt, er bekam eine schlechte Note im Fach „Mitarbeit". Mit diesen pädagogischen Maßnahmen war es eigentlich nicht besonders schwierig, sozialistische Persönlichkeiten zu formen.

Wie fühlte ich mich aber, als ich zum ersten Mal im Wohnzimmer meines Mitschülers saß und die Vorabendserien aus dem Westen sehen durfte! Ich war in einer völlig fremden Welt. In manchen Serien nahmen mich die Helden mit auf Reisen und ich konnte mit ihnen die Erde umkreisen. Diese Filme und Serien vom Klassenfeind waren einerseits so attraktiv, weil sie verboten waren, andrerseits aber auch, weil hier keine politisch-ideologische Erziehung im Vordergrund stand.

Und so kam es, wie es kommen musste: Die Sender des poli-

4. Noch ein Stückchen Antenne

tischen Feindes brachten mein junges, ungefestigtes politisches Bewusstsein, das sowieso nicht auf dem richtigen Kurs war, noch mehr durcheinander.

Meine Mutter hatte mir an zwei Tagen in der Woche das Fernsehen bei der Familie in der Nachbarschaft erlaubt. Punkt 19 Uhr sollte ich nach Hause kommen, aber wie das manchmal so ist … häufig wurde es auch mal ein paar Minuten später. Als ein junger Mann, der gern Nachrichten hörte, war ich fasziniert von den „heute"-Nachrichten im ZDF. Ich weiß nicht mehr, ob es der Reiz war, etwas Verbotenes zu sehen und zu hören, oder ob es mein Hunger nach Wahrheitsfindung war, auf jeden Fall saugte ich diese Nachrichten förmlich in mich auf. Völlig verwirrt war ich eine Zeit lang, wenn die Nachrichtensprecher nicht einfach nur „Berlin", sondern „Ostberlin" sagten, wenn sie die Hauptstadt meines Landes meinten. Galt nicht das Credo: „Berlin ist die Hauptstadt der Deutschen Demokratischen Republik. Ihr Status ist unantastbar."?

Jedenfalls: Als ich das Westfernsehen kennenlernte, entdeckte ich auch, dass längst nicht alles wahr war, was man uns erzählte. Ich erinnere mich noch an den Tag, als wir Schüler den Genossen Luis Corvalán freigekämpft hatten. Er war der Generalsekretär der Kommunistischen Partei Chiles und Diktator Pinochet hatte ihn nach seinem Militärputsch eingesperrt. Daraufhin hatten alle Schüler der DDR protestiert. Diesmal nicht mit gemalten roten Nelken, sondern mit unzähligen Unterschriftenaktionen. Der Erfolg ließ eine Weile auf sich warten, aber irgendwann wurde der Genosse Corvalán tatsächlich freigelassen. Wir feierten unseren heroischen Sieg ausgiebig im Staatsbürgerkundeunterricht der Schule. Am Abend desselben Tages allerdings saß ich vor den Westnachrichten und musste mit ansehen, wie der Genosse Corvalán in der Schweiz

4. Noch ein Stückchen Antenne

aus einem Flugzeug stieg und gegen einen russischen Dissidenten ausgetauscht wurde. Also nichts mit Unterschriftenaktion, sondern eher diplomatisches Kalkül.

Das saß. Ich fühlte mich betrogen. Manchmal denke ich, wäre die DDR-Führung ehrlicher mit uns umgegangen, hätte es 1989 vielleicht keinen Mauerfall gegeben. Aber die Leute bekamen mithilfe von ARD und ZDF immer mehr Lügen und Halbwahrheiten heraus und wurden immer böser auf Ulbricht, Honecker und Co.

Sie, Herr Heinritz, suggerieren, dass sich „der Mangel an ungefärbter, objektiver Information" ausschließlich negativ ausgewirkt haben müsse. Das sehe ich nicht so. Vielleicht habe ich mich erst durch die Vorgaukeleien einer heilen Welt durch die DDR-Medien zu dem aufmerksamen Beobachter entwickelt, der ich heute bin.

Aus der Zeit nach dem Zweiten Weltkrieg kennen wir die Ausreden unserer Väter oder Großväter: „Wir haben von all dem nichts gewusst." Aus meinen eigenen Erfahrungen in der DDR-Zeit kann ich bezeugen: Jeder DDR-Bürger hatte die Möglichkeit, sich durch Fernsehen oder Radio beider Seiten zu informieren.

Aber es muss doch oberstes Interesse der Machthaber gewesen sein, Ihnen den Zugang zu den Informationen unmöglich zu machen bzw. zu verbieten. Eine Funkschutzmauer war zwar nicht realisierbar, aber Gefängnismauern gab es doch genug?

Nein, glücklicherweise war die DDR nicht in der Lage, so eine Funkschutzmauer aufzubauen. Also musste sie anders für die politisch korrekte Haltung ihrer Bürger sorgen und verbot es kategorisch, Westfernsehen zu schauen. Ich bin mir sicher, dass es keinen drakonischen Strafkatalog gegeben hat, aber auch in diesem Bereich war

4. Noch ein Stückchen Antenne

es so wie bei vielem anderen: Es kam auf den jeweiligen dreihundertprozentigen kleinen Machthaber vor Ort an. Kam heraus, dass jemand ARD oder ZDF schaute, wurde das seinem sozialistischen Betrieb gemeldet, und wenn es schlecht für ihn lief, dann gab es im jeweiligen Monat keinen Prämienlohn. Das konnten schnell mal 200 Mark weniger in der Lohntüte sein: Und zwar für die gesamte Brigade! Das galt offiziell als Maßnahme zur Formung der sozialistischen Persönlichkeit und wurde durchgezogen, damit wir unser großes Ziel nicht aus den Augen verlören. Weil dann das Arbeitsklima natürlich im Eimer war, lenkten die politischen Sündenböcke schnell ein. Wer wollte schon schuld daran sein, dass alle Brigademitglieder am Monatsende weniger Geld mit nach Hause nahmen, weil man selbst bewusst oder unbewusst etwas falsch gemacht hatte, zumindest nach Meinung derer, die den „Menschen neuen Typus" formten.

Nach meinem ZDF-Erlebnis mit dem Genossen Corvalán fühlte ich mich sehr machtlos. Wütend wälzte ich mich in meinem Bett hin und her. Warum durften die Lehrer uns so viel Schwachsinn erzählen? Warum durfte ich ihnen nicht entgegenschreien, dass sie logen?

Jedenfalls wurde das Westfernsehen durch solche Erfahrungen immer attraktiver für uns. Es übte einen ungeheuren Reiz auf die DDR-Bevölkerung aus, auch wenn es verboten war, ARD oder ZDF ins heimische Wohnzimmer zu lassen. Als ich in der 7. Klasse war, lag ich meiner Mutter so lange mit meinem Wunsch nach Westfernsehen in den Ohren, dass sie sich irgendwann in die Niederungen des Schwarzmarktes begab. Es gab in unserer Kleinstadt einen Hausmeister, der tagsüber für die Schulgebäude zuständig war und an den Wochenenden Antennen baute, mit deren Hilfe man Westfernsehen schauen konnte.

4. Noch ein Stückchen Antenne

Glücklich waren die Menschen, bei denen es die Lage ihres Hauses erlaubte, eine Antenne *unter* dem Dach, also auf dem Dachboden zu montieren. Dieses Glück hatten wir nicht. Wir brauchten eine Antenne *auf* dem Dach, weil unser Haus direkt am Waldrand lag. Für jeden sichtbar wurde also eine Antenne montiert.

Nun gab es da einen Polizisten, der bei uns „Abschnittsbevollmächtigter" – ABV – hieß. Ein ABV war immer für ein bestimmtes sozialistisches Wohngebiet zuständig. Dieser Polizist machte zusammen mit Hilfspolizisten abendliche Rundgänge durch die Stadt. Dort, wo ein Blick auf die Antenne genügte, um zu wissen, dass Westfernsehen gesehen wurde, klingelte man und forderte die Eigentümer auf, ihre Antenne abzubauen. Man hielt alles schriftlich fest und setzte eine Frist für den Abbau. Zum Glück kannte meine Mutter die Hilfspolizistin sehr gut und erreichte über dieses Vitamin B, dass der mächtige ABV in unserem Fall nichts unternahm.

Ich aber konnte nun mein festes Abendritual entwickeln. Um Punkt 19 Uhr schaute ich die ZDF-Nachrichten, danach um 19.30 Uhr die *Aktuelle Kamera* der DDR und um 20 Uhr die Nachrichten der ARD. Für mich war es spannend, die Verdrehungen, Unterschlagungen, Halbwahrheiten und Lügen der Nachrichtenmacher zu verfolgen. Andererseits hatte dieser tägliche Nachrichtenmarathon zur Folge, dass ich nun noch mehr aufpassen musste, welche Informationen ich „draußen" preisgab. Plauderte ich nämlich das Gehörte unbedacht aus, konnte das unangenehme Fragen nach sich ziehen. Dennoch war der Siegeszug des Westfernsehens ein Beispiel dafür, dass es Entwicklungen in der DDR gab, gegen die nicht einmal das allmächtige Ministerium für Staatssicherheit, das MfS, etwas tun konnte.

Manchmal lief ich mittags den Weg von meiner Schule im Dauer-

4. Noch ein Stückchen Antenne

lauf nach Hause, obwohl ich eher der unsportliche Typ war, und ließ das Schulessen ausfallen, nur um noch den Rest einer Bundestagsdebatte im ZDF miterleben zu können. Persönlichkeiten wie Franz Joseph Strauß, Herbert Wehner oder Helmut Schmidt beeindruckten mich sehr, die lautstark und manchmal auch unter dem Einsatz von Schimpfwörtern um Wahrheiten rangen und die Demokratie lebendig hielten. Aus der Volkskammer kannte ich solche Debatten nicht. Dort wurden alle Reden abgelesen, Zwischenrufe gab es keine, und abgestimmt wurde immer einstimmig. Leider mussten wir im Rahmen des Unterrichts des Öfteren Parteitagsreden des Genossen Erich Honecker lauschen oder, wenn es ganz schlimm kam, auch mal einem Beitrag des Genossen Ministerpräsident Willi Stoph, der so monoton und langweilig war, dass man regelmäßig mit dem Schlaf zu kämpfen hatte. Dagegen kam mir das Geschehen im Bundestag wie ein Krimi vor. Schon als 14-Jährigem war mir klar, was in der DDR falsch lief. Freie Meinungsäußerung gehörte eben nicht in den real existierenden Sozialismus, da konnten wir in Stabü – Staatsbürgerkunde – noch so lang über den Menschen neuen Typus nachdenken.

Anfangs verglich ich den Bundestag noch mit der sogenannten Volkskammer, aber schon bald bemerkte ich, dass Welten dazwischen lagen. Paradoxerweise glich unser „Parlament" eher einem Kuschelverein, obwohl hier mehr Parteien vertreten waren als im Bundestag. Die stärkste war natürlich die SED (Sozialistische Einheitspartei). Es gab bei uns aber auch die CDU, die LDPD (Liberale), die NDPD (Nationaldemokraten) und die DBD (Bauern). Dass es kaum Diskussionen gab, lag vor allem daran, dass all diese Parteien Blockparteien waren. Sie entwickelten keine eigene Politik, sondern vertraten dieselben politischen Ziele wie die SED und vollzogen deren Politik mit. Außerdem waren in unserer Volkskammer die großen gesellschaftlichen Gruppierungen vertreten wie die Gewerkschaften, der Frauenbund und die Künstler. Praktisch für die Arbeiterpartei war es, wenn Künstler oder Gewerkschafter Mitglied in der SED waren, aber für ihre Gewerkschaft im Parlament saßen. So nutzte die SED ihre undemokratischen Vorteile schamlos aus.

Ein Beispiel: Betrat der Ost-CDU-Chef Gerald Götting die Rednertribüne der Volkskammer, hieß es einmal mehr: „Lasst uns gemeinsam unter Führung der Arbeiterpartei den Sozialismus aufbauen!"

Kann es einen besseren Beweis dafür geben, dass die Parteien in der DDR perfekt gleichgeschaltet waren und nach dem Rhythmus tanzten, den die SED vorpfiff? Ich traf den Parteivorsitzenden der „Ost-Konservativen" und zeitweiligen Präsidenten der Volkskammer Jahre später auf einer Tagung. Während einer Pause kam ich mit ihm über Albert Schweitzer ins Gespräch. Götting fuhr beinah jährlich nach Lambarene zum Urwalddoktor. Darüber wollte ich mehr wissen und wir trafen uns im Folgenden ein paarmal. Ging es um innenpolitische Fragen, fiel mir auf, dass Gerald Götting im Vier-Augen-Gespräch anders redete als beispielsweise in der Volkskammer. Irgendwann kam ich zu dem Schluss, dass er einer von denen war, die im stillen Kämmerlein auf den Sozialismus schimpften, aber in der Öffentlichkeit als Blockflöte im sozialistischen Orchester mitspielten.

Doch zurück zur Mattscheibe.

Es gab neben der hohen Politik durchaus auch sehr viel harmlosere Vergnügungen, die uns das Westfernsehen bereitete, wie zum Beispiel den *Denver-Clan*. Der wurde Woche für Woche in der Küche des Kindergartens, dem Arbeitsplatz meiner Mutter, von den

4. Noch ein Stückchen Antenne

Erzieherinnen ausgewertet, die sich dort zum Pausemachen trafen. Wenn sich die Leiterin der Einrichtung dazugesellte und mit einer Bemerkung verriet, dass auch sie die neue Folge der Serie gesehen hatte, erinnerte meine Mutter sie daran: „Aber Frau Jasmund, Sie als Genossin und Hilfspolizistin dürfen davon doch gar keine Ahnung haben." Die Genossin Leiterin ging selten darauf ein, nur manchmal lächelte sie und meinte: „Ach Frau Döring, reden Sie bloß draußen nicht darüber." Es war übrigens dieselbe Hilfspolizistin, die beim ABV dafür gesorgt hatte, dass wir wegen unserer Antenne keinen Ärger bekamen.

Auch die Sendung „Mainz bleibt Mainz" schaute ich als eingefleischter Faschingsmuffel Jahr für Jahr sehr gern – natürlich einzig und allein wegen der Büttenreden. Ich liebte es, die politischen Witze über West- und Ostpolitiker zu hören. Im Ostfernsehen wären solche Sendungen undenkbar gewesen. Komiker, die sich mit ihren Witzen zu weit in den realen DDR-Alltag hinauswagten, wurden stillschweigend abserviert. So war es O. F. Weidling ergangen, und auch der beliebteste aller DDR-Komiker, Eberhard Cohrs, verschwand Anfang 1977 plötzlich von den Ost-Bildschirmen. Als ich irgendwann wieder einmal Westfernsehen schaute und plötzlich unser kleiner Sachse Eberhard die Bühne betrat, wusste ich sofort: wieder ein bekannter Künstler weg! Es war eine Schmach für mich, mit anzusehen, wie er einen Witz nach dem anderen brachte und von den westdeutschen Hörern im Saal nicht verstanden wurde. Der Beifall fiel kläglich aus. Dieser unschöne Abgang eines ganz Großen, der in der DDR-Kultur mehr gewagt hatte, als ihm zustand, machte mich traurig und auch wütend.

5. Weil ich rückschrittlich bin

Erstaunlich! Es ist schließlich keineswegs selbstverständlich, dass ein 14-Jähriger sich so intensiv mit den politischen Gegebenheiten seines Landes und den unterschiedlichen weltanschaulichen Systemen auseinandersetzt. Doch das lag sicherlich an Ihrem Aufwachsen in einem repressiven Staat und der Tatsache, dass Sie als Christ in manchen Punkten ohnehin schon eine andere Position vertraten als die allgemein vorherrschende.
Wie hat sich Ihr Verhältnis zur „Diktatur des Proletariats" weiterentwickelt, wie Ihr Verhältnis zur Kirche und dem christlichen Glauben?

In der Schule stand ich in so gut wie allen Unterrichtsfächern auf der Note Eins. Lediglich in Sport bekam ich eine Drei. Sogar im Staatsbürgerkundeunterricht erhielt ich immer eine Eins. Bis zu dem Tag, an dem mich der Lehrer nach vorn vor die Klasse rief und mir ankündigte, er wolle mich mündlich abfragen und die Note, die ich dafür bekäme, entspräche einer großen Klassenarbeit. Lampenfieber hatte ich keins, denn ich kannte die Direktive des letzten Parteitages, und die historische Mission der AK konnte ich sowohl im wachen Zustand als auch im Schlaf herunterbeten: *„Die historische Mission der AK besteht in der Entmachtung der kap. Gesellschaftsordnung und in der Aneignung der PM."*

5. Weil ich rückschrittlich bin

Hier ist nun endlich ein kurzer Exkurs in die wunderbare Fantasiewelt sozialistischer Abkürzler angebracht: Mit *PM* meinten sie die *Produktionsmittel*, während sie mit *AK* die sogenannte *Arbeiterklasse* bezeichneten. Die *AK* darf man aber nicht mit dem Staatsvolk der DDR verwechseln – neben ihr hatten die *Bauern*, die *Intelligenz* und die *Gewerbetreibenden* ihren Platz. Offiziell hatten alle diese Gruppen Sitz und Stimme im Parlament der DDR, der *Volkskammer*. Eine wunderschöne Wortschöpfung war auch das *ZK*, das *Zentralkomitee* der *Sozialistischen Einheitspartei*, abgekürzt *SED*, also eine wichtige und vor allem mächtige Gruppierung innerhalb der SED. Unsere Regierung war der *Ministerrat* der DDR. Und dann war da der *FDGB*, der *Freie Deutsche Gewerkschaftsbund,* und der *EVP*, der *Einheitliche Verkaufspreis*. Letzteren wünsche ich mir allerdings wieder zurück. Mit seiner Hilfe konnte ich mich darauf verlassen, dass ein Produkt in Rostock, Berlin oder Suhl auf den Pfennig genau denselben Preis hatte.

Zurück in die Schule. Jedenfalls konnte ich meinem Stabülehrer seine Fragen einwandfrei beantworten. Mich beschlich aber mehr und mehr das Gefühl, dass er mir etwas anhängen wollte. Immer wieder stellte er Nachfragen und versuchte, mich auf Irrwege zu locken. Dann brach er die Befragung ab und erklärte rundheraus, dass meine erbrachte Leistung einer Eins entspräche, er mir diese aber nicht geben könne. Als Nächstes fragte er mich, warum ich sonntags in die Kirche gehe. Ich erklärte ihm, dass ich Christ sei und deshalb den Gottesdienst besuchte.

„Ja, aber dann kannst du ja gar nicht an die Richtigkeit dessen glauben, was du eben bei der Befragung geantwortet hast", stellte er fest.

Eine Pause entstand und ich wusste, ich musste jetzt reagieren.

5. Weil ich rückschrittlich bin

Wie ein Schuldiger am Pranger kam ich mir vor. Mein Lehrer stand mitten in der Klasse und fragte in den Raum hinein: „Ja, wie soll ich denn das jetzt bewerten?"

Plötzlich hörte ich mich sagen: „Alle Fragen, die Sie mir gestellt haben, habe ich richtig beantwortet." Mein Lehrer kam nach vorn und erklärte: „Du kannst dich setzen. Ich gebe dir eine Drei. Du hast zwar richtig geantwortet, aber dein politischer Standpunkt ist miserabel. *Christen sind rückschrittlich*, und solange du dieser Gruppe angehörst, kann ich dich nicht besser bewerten."

Ich sank auf meinen Platz und mein ganzer Körper war ein Bündel von ohnmächtiger Wut. Es gab keine einzige Chance, gegen diese Sache anzugehen.

Im Nachhinein betrachtet war es dieses Ereignis, das meinen Standpunkt endgültig klarmachte. Ich gehörte auf die Seite der Kirche.

Und es waren viele Erlebnisse wie dieses, die den späteren Protesten in der Kirche den Weg bereiteten. Auch in unserer Schwaaner Kirche. Niemand wusste im Herbst 1988, was Monate später daraus werden sollte. Aber plötzlich kamen Leute in die Kirchen, die man vorher nie dort gesehen hatte. Für viele Christen war das irritierend. Dann kam es immer auf den jeweiligen Pfarrer vor Ort an. Wir beispielsweise hatten einen jungen Pastor, mit dem ich manchmal geschimpft habe, weil er, nur um zu provozieren, die Staatsmacht angegriffen hat und danach immer wieder zu Gesprächen mit der Stasi gerufen wurde. Er war der Ansicht, man müsse den Unzufriedenen den Ort geben, den sie woanders nicht fanden. Den Gottesdienstbesuchern war meist gleich nach Beginn einer Veranstaltung klar, wer von der Stasi war. Durch Blickkontakte und gemurmelte Hinweise wussten nach zehn Minuten alle, wer zur Stasi gehör-

5. Weil ich rückschrittlich bin

te. Die armen Kerle hatten damals kein leichtes Leben – vielleicht wussten sie gar nicht, wie wir sie hinters Licht führten. Wichtige Informationen wurden beispielsweise immer erst nach den Veranstaltungen und dem obligatorischen Abendsegen ausgetauscht, denn die Stasileute waren immer die Ersten, die gingen. Oft begannen dann erst die richtig hitzigen politischen Diskussionen. Das alles war gefährlich, aber niemand wusste, wie real die Gefahr wirklich war.

6. Flüchtlinge? Wer hat euch denn gerufen?

Jetzt geht's aber schnell – sind wir damit nicht schon in den Wendejahren angekommen? Dabei gibt es noch so einige Dinge aus dem Leben eines Ostdeutschen, die mich interessieren würden. Zum Beispiel ein paar grundlegende Informationen zu Ihrer Familie. Woher kommt sie? Wie hat sie die Umwälzungen des 20. Jahrhunderts überstanden? Holen Sie doch bitte mal ein bisschen weiter aus ...

Der Alltag in der DDR war bestimmt von Arbeit und der ständigen Jagd nach den Konsumgütern, die es gerade nicht gab. Natürlich verglich man seine Situation, so wie es die Menschen auch heute tun, immer mit der „guten alten Zeit". Ich kann mich noch daran erinnern, wie meine Mutter sich bei einer Arbeitskollegin darüber beklagte, dass ich noch nie ein Kinderzimmer gehabt hatte. Wir wohnten noch immer in einer viel zu kleinen Wohnung mit einer Küche, in der im Winter die Feuchtigkeit die Wände emporkroch.

Darum musste ich im Herbst und im Frühjahr zumindest den Sockel streichen, damit die schwarze Gammelschicht wenigstens für die nächsten zwei, drei Monate verschwunden war. Außer der Küche hatten wir noch ein Wohnzimmer, in das die obligatorische

6. Flüchtlinge? Wer hat euch denn gerufen?

Anbaureihe gehörte, dazu ein Sessel, ein Sofa und ein Tisch. Damit war das Zimmer voll. Und dann gab es noch ein Schlafzimmer, in dem ich mir eine Ecke reserviert hatte, in der ich meine Bücher stapelte. Ich musste das aber sehr gewissenhaft tun, denn sobald die Bücher die Zimmerwand berührten, begannen auch sie zu schimmeln, so feucht waren die Wände.

Weil diese Zustände sie mehr und mehr frustrierten, schwärmte meine Mutter an ihrem Arbeitsplatz von dem großen Haus, das sie in ihrer Heimat Bessarabien gehabt hatten, und von dem Weinberg und den Feldern. Dafür aber wurde sie oft ausgelacht, einige glaubten ihr nicht und wieder andere meinten: „Warum sind Sie dann hierhergekommen? Sind Sie etwa ein Flüchtling?"

Und stand sie wieder einmal in ihrer Kindergartenküche und blickte auf die soeben gelieferte Warenladung Obst und Gemüse, dann schimpfte sie manchmal lauthals über die vielen Streichungen auf ihrer Bestellliste: „Diese Donnerwetter" – so nannte sie die Genossen, die an den Hebeln der Macht saßen –, „laut Zeitung haben sie alles, aber in Wirklichkeit haben sie nichts, nicht mal eine Kiste Weißkohl im Herbst. Kann mir mal jemand erklären, wie ich täglich für 120 Kinder und 20 Erwachsene kochen soll? So etwas hätte es in Bessarabien nie gegeben."

Glücklicherweise war die Leiterin des Kindergartens so nett und hat erst einmal die Türen geschlossen, um dann meiner Mutter zum wohl hundertsten Mal zu sagen: „Frau Döring, Sie dürfen nicht so laut schimpfen, Sie können sich damit um Kopf und Kragen reden. Denken Sie doch wenigstens an Christian."

Um Kopf und Kragen reden? Was war denn so staatsgefährdend an der Tatsache, aus Bessarabien zu stammen?

6. Flüchtlinge? Wer hat euch denn gerufen?

Das Schicksal der Bessarabiendeutschen passte nicht zu der Propaganda, mit der die Staatsführung der DDR das wenig zimperliche Vorgehen der sowjetischen Befreier und Besatzer zu relativieren und zu rechtfertigen versuchte. Darum musste es um jeden Preis totgeschwiegen werden.

Die Unkenntnis, die daraus entstand, verblüffte mich schon, als ich noch ein kleiner Steppke war. So hatte unser Schwaaner Küster Heiner Grimm mitbekommen, dass meine Mutter aus Bessarabien stammte. Neugierig fragte er nach: „Sagen Sie mal, Frau Döring, die Araber sind ja eigentlich ein wenig dunkler im Gesicht. Bei Ihnen hat sich das wohl verloren mit der Zeit, warum eigentlich?"

Er hatte wie viele andere keinen blassen Schimmer von der Geschichte der Bessarabiendeutschen.

Im 19. Jahrhundert verließen vor allem viele Familien aus Württemberg ihre Heimat und zogen auf Einladung des russischen Zaren Alexander I. nach Bessarabien, ein Gebiet an der nordwestlichen Küste des Schwarzen Meeres. Dort konnte der sehr gläubige Menschenschlag seine Frömmigkeit leben und bekam vom Zaren zusätzliche Vorteile zugesichert: Sie erhielten Steuererleichterungen und die jungen Männer brauchten keinen Armeedienst zu leisten.

Aber nach und nach wurden all diese Vergünstigungen einkassiert. So diente mein Großvater beispielsweise sowohl im zaristischen Heer als auch in der Roten Armee. Seinen Erzählungen lauschte ich sehr gern. Am liebsten hörte ich von seiner Begegnung mit dem großen Staatsgründer Lenin. In unserem Staatsbürgerkundeunterricht wurde Lenin glorifiziert wie der liebe Gott persönlich. Ganz anders hörte sich dagegen die Geschichte meines Großvaters an. Sie waren in Bergkarabach stationiert und Lenin hatte sich zur Inspektion der Truppe angesagt. Schon Tage vorher putzten die

6. Flüchtlinge? Wer hat euch denn gerufen?

Soldaten alles, was zu putzen war. Als sie Lenin endlich zu Gesicht bekamen, waren sie sehr enttäuscht. Ich höre noch heute den Satz meines Großvaters: „Da kam dann der große Lenin. Groß war er nicht und reden konnte er auch nicht. Eigentlich war er ein kleiner verhutzelter Kerl." Es fiel mir manchmal schon schwer, diese Geschichte niemandem erzählen zu dürfen.

In Abstimmung mit der Sowjetunion, die Bessarabien soeben den Rumänen entrissen hatte, ließ Hitler die Bessarabiendeutschen im Jahr 1940 als Volksdeutsche „heim ins Reich" holen. Dass ihm eigentlich nur an den jungen Männern gelegen war, um die Reihen der Soldaten zu schließen, war damals noch keinem bewusst. Er ordnete ihre Umsiedlung in den sogenannten „Warthegau" an, der im besetzten Polen lag. Für meine Großeltern war die Umsiedlung ein einschneidendes Erlebnis. Noch Jahrzehnte später, wenn mein Großvater mir Geschichten aus dieser Zeit erzählte, standen ihm Tränen in den Augen. Mit wenig Gepäck mussten sie ihre bessarabischen Häuser verlassen und eine Reise ins Ungewisse antreten. Wenige Tage später bereits wohnten Russen in ihren Häusern. Meine Familie war monatelang unterwegs. So gut wie alle Habseligkeiten verloren sie auf den Stationen dieser Reise, in Prag zum Beispiel wurde meiner Großmutter der wenige Schmuck gestohlen, den sie besaß. Erst im Jahr 1941 kamen meine Großeltern und ihre beiden Töchter endlich auf dem polnischen Bauernhof an, der ihnen als neues Zuhause zugewiesen worden war. Deutsche Soldaten warfen die polnischen Besitzer aus ihrem Wohnhaus und meine Familie durfte sich nach ihrer monatelangen Odyssee dort ansiedeln. Meinem Großvater, der in Bessarabien in seinem Dorf Maraslienfeld ein geachteter Mann gewesen war, ging der Umgang mit den polnischen Besitzern gegen den Strich. Er war „Feldscher" gewesen, also

6. Flüchtlinge? Wer hat euch denn gerufen?

eine Art Landarzt ohne Diplom oder Doktortitel, trug Verantwortung für seine Kirchengemeinde, und hier auf diesem polnischen Bauernhof sollte er nun zum ersten Mal so unchristlich handeln? Er saß mächtig in der Zwickmühle. Zwar gab es durchaus auch Bessarabiendeutsche, die die polnischen Besitzer einfach wegjagten – so wie es das deutsche Militär auch am liebsten sah –, mein Großvater aber und wenige andere richteten den Polen in Ställen und Scheunen Unterkünfte ein und stellten sie wenigstens als Knechte und Mägde auf ihrem Eigentum an.

Doch das trügerische Glück hielt nicht lange. 1945 rückte die Rote Armee immer näher und erneut gerieten die umgesiedelten Bessarabiendeutschen in Bedrängnis. Da die Wehrmacht die Lage völlig falsch einschätzte, wurde viel zu spät mit der Evakuierung begonnen. Panik brach aus. Meine Großeltern nutzten die allerletzte Chance zur Flucht in Richtung Westen, mussten aber tragischerweise ihre Töchter zurücklassen, die zu jener Stunde an ihrem Arbeitsplatz in der nahe gelegenen Stadt nicht erreichbar waren. Die beiden jungen Frauen gerieten in die Fänge der Roten Armee und wurden wie so viele andere in sowjetischer Kriegsgefangenschaft in Richtung Osten deportiert. Sie wurden unterwegs getrennt und hatten zehn lange Jahre lang keinerlei Kontakt zueinander.

Der sowjetischen Führung war daran gelegen, das Wissen um die Existenz dieser billigen Arbeitssklaven mehr und mehr aus dem öffentlichen Bewusstsein zu verdrängen. Erst als Konrad Adenauer in Moskau vorstellig wurde, der Sowjetunion in aller Öffentlichkeit widersprach und vor der Weltpresse im Jahr 1955 erklärte, es gebe noch immer deutsche Kriegsgefangene in den sowjetischen Lagern, kamen meine Tante und meine Mutter frei.

Dieser brutale Umgang mit einem Bevölkerungsteil, der erst we-

6. Flüchtlinge? Wer hat euch denn gerufen?

nige Jahre zuvor in das vermeintliche „Herrenvolk" der Deutschen eingemeindet worden war und nun wirklich die geringste Schuld am Ausbruch des Krieges trug, war wahrlich kein Ruhmesblatt für das rücksichtslose Vorgehen der Roten Armee gewesen. Deshalb herrschte ein radikales Redeverbot in dieser Sache. Auf Anweisung der Sowjetischen Militäradministration in Deutschland wurden ab Oktober 1945 sogar im offiziellen Sprachgebrauch die Begriffe „Flüchtling", „Vertriebener" und „Heimatloser" verboten. Stattdessen wurde die Bezeichnung „Umsiedler" oder „Neubürger" für Vertriebene und „Heimkehrer" für ehemalige Kriegsgefangene angeordnet.

Als meine Mutter im Dezember 1955 tagelang in einem endlos langen Zug, der aus lauter Viehwaggons bestand, in Richtung Deutschland fuhr, hielt sie eine Karte vom Roten Kreuz in der Hand. Darauf standen die Namen und die Wohnanschrift ihrer Eltern, die inzwischen in Serrahn in Mecklenburg ein neues Zuhause gefunden hatten.

Bei einem Zwischenstopp im Bahnhof einer polnischen Kleinstadt sahen sich meine Mutter und ihre Schwester nach zehn Jahren zum ersten Mal wieder. Sie konnten nicht reden, sondern lagen sich nur in den Armen und weinten – zu viel hatten sie in den zurückliegenden Jahren erlebt.

Das wichtigste Etappenziel auf ihrer ungewöhnlichen Reise war der Leipziger Hauptbahnhof. Dort mussten sie sich binnen weniger Minuten entscheiden, ob sie Ost- oder Westdeutschland als Reiseziel wählten. Sie hatten zwar die Adresse ihrer Eltern, aber sie kannten sich in ihrer fremden Heimat so schlecht aus, dass sie nicht einmal wussten, ob Mecklenburg nun im Osten oder Westen Deutschlands lag. Dank eines freundlichen Rot-Kreuz-Mitarbeiters gelangten sie in den richtigen Zug, der die Schwestern wenige Tage vor Heiligabend in Krakow am See absetzte. Dort standen sie dann in der eisigen Kälte. Ihre Eltern wussten schließlich nichts von ihrem Kommen. Wie sollten sie in das zehn Kilometer entfernte Serrahn gelangen? Ein freundlicher Milchkutscher ließ die jungen Frauen auf seinen Pferdewagen klettern und rief von unterwegs aus in Serrahn an, woraufhin eine gute Freundin der beiden Heimkehrerinnen von Haustür zu Haustür lief und rief: „Wolfs Mädle komma heim!" Wenig später schon rollte der Milchkutscher mit seinem Gefährt auf den Serrahner Pfarrhof und Eltern und Töchter lagen sich in den Armen. So gut wie die gesamte Dorfbevölkerung machte sich trotz der Kälte auf den Weg, um die Schwestern zu begrüßen.

Gern erinnere ich mich an die Besuche meiner Patentante viele Jahre später zurück. Meine Mutter, meine Patentante und ich schliefen dann in einem Raum und ich lauschte ihren Geschichten, die sie einander im schwäbischen Dialekt erzählten. Für eine junge, im Sozialismus heranwachsende Persönlichkeit wie mich waren das Geschichten aus einer völlig fremden Welt.

Oft habe ich versucht, in der Mecklenburgischen Kirchenzeitung etwas über die Besserabier zu schreiben, schließlich lebten viele von ihnen in Mecklenburg und oft gehörten sie zu den treuesten Mitgliedern ihrer Kirchengemeinden. Aber so oft ich meine Beiträge auch veränderte, es gelang dem Chefredakteur Hermann Beste nie, so einen Artikel an der Abteilung Inneres vorbeiziehen zu lassen. Die SED-gesteuerten Tageszeitungen ließen auf meine Anfrage hin nie etwas von sich hören, weder im positiven noch im negativen Sinne.

Deshalb erinnere ich mich auch noch so gut an das Frühjahr 1990. In Mecklenburg fand das erste Treffen der Bessarabiendeut-

6. Flüchtlinge? Wer hat euch denn gerufen?

schen nach der Wende statt und wieder schickte ich einen Beitrag an die Redakteurin der Neubrandenburger Zeitung „Freie Erde", die von der SED gesteuert wurde und nie etwas von mir veröffentlicht hatte. Was war das für eine Überraschung, als sie mir nun zurückschrieb, dass mein Beitrag doch viel ausführlicher sein dürfe – schließlich handele es sich doch um ein großes und wichtiges Ereignis. Ich erfüllte ihr natürlich ihren Wunsch, wunderte mich aber umso mehr. Als dann wenige Tage später 70 Mark an Honorar bei mir landeten, dachte ich: „Die Sonne scheint um Mitternacht." Honorar hatte ich nie zuvor von einer SED-Zeitung bekommen.

7. Ein Gedicht entscheidet über mein Studium

Sie haben Beiträge für Zeitungen geschrieben? Lassen Sie uns noch einmal zurückspringen in die Anfänge Ihrer Tätigkeit als aufmerksamer, kritischer Begleiter des Geschehens im deutschen Arbeiter- und Bauernstaat. Wie kommt man dazu, sich journalistisch zu engagieren in einem Land, in dem es Meinungsfreiheit kaum gibt und die Pressearbeit weitgehend staatlich gelenkt wird? Was macht man da für Erfahrungen?

Mit der Presse- und Meinungsfreiheit ist das so eine Sache. Selbst im real existierenden Sozialismus gab es Nischen, in denen ich veröffentlichen durfte. Meine Ausgangssituation war ja, dass ich mich immer mehr zu einem aufmerksamen Beobachter entwickelt hatte, und natürlich wollte ich meine Beobachtungen auch anderen mitteilen. Aber wem sollte ich erzählen, dass ich mich beim Lesen der „Schweriner Volkszeitung" – der SED-Tageszeitung des Bezirkes Schwerin – daran störte, dass sich Theorie und Praxis nur äußerst selten trafen? Eine wichtige Nische war meine Schublade. Gedichte, Kurzgeschichten – alles Mögliche wanderte dort hinein. Irgendwann aber kommt jeder Schubladenschreiber an den Punkt, an dem er mit seinen Werken an die Öffentlichkeit will. Die Gelegen-

7. Ein Gedicht entscheidet über mein Studium

heit dazu bot sich mir ganz unverhofft gegen Ende meines siebten Schuljahres. Ich durfte ein von der FDJ organisiertes sogenanntes Poetenseminar besuchen, das die staatlichen Kulturfunktionäre gerade für junge Leute wie mich eingerichtet hatten, die mit ihren geistigen Erzeugnissen ein breiteres Publikum ansprechen wollten als die eigene Familie.

Meine Teilnahme hatte jedoch ein Nachspiel von großer Tragweite.

Die Glocke läutete bereits zum Stundenbeginn, als eines Tages mein Deutschlehrer die Klasse betrat, direkt auf mich zusteuerte und mir zuraunte: „Christian, du sollst dich sofort beim Direktor melden!"

Es war ungewöhnlich, dass ein Schüler während des Unterrichts irgendwo hingeschickt wurde. Und ein Gespräch mit dem Genossen Direktor gab es auch nicht jeden Tag. Zunächst bekam ich einen Schreck, aber als artiger Einzelgänger hatte ich mir nichts vorzuwerfen. Ich hatte weder geraucht noch geschwänzt, also was wollte er von mir? Hatte es etwas mit dem Seminar zu tun?

Immerhin war es mein Deutschlehrer gewesen, der wusste, dass ich gern schrieb, und mich ermuntert hatte: „Fahr doch mal dahin, vielleicht ist es was für dich!"

Also gut, ich war mit meinen Gedichten und Geschichten nach Schwerin gefahren. Allerdings hatte ich nicht lange gebraucht, um zu erkennen, dass dort nur streng rote FDJler das Sagen hatten. Da war eher Zurücklehnen angesagt und Schweigen, um ja nichts falsch zu machen. An einem Vormittag dieses Wochenendes waren wir gebeten worden, drei unserer Werke auf einen großen Tisch zu legen und uns dann einen fremden Text auszusuchen, den wir lesen und anschließend im Forum kommentieren und bewerten sollten.

7. Ein Gedicht entscheidet über mein Studium

Leider hatte sich niemand für eines meiner Gedichte entschieden und ich war auch nicht aufgefordert worden, den von mir ausgesuchten Text zu kommentieren. Schließlich war mir immer langweiliger geworden, weil sich alles nur um die Arbeiterklasse gedreht hatte, die damit beschäftigt war, den Sozialismus aufzubauen, oder um den Klassenfeind, der im Westen saß und dem wir mit unseren sozialistischen Leistungen beweisen mussten, dass wir die bessere Gesellschaft waren und einen guten Weg zum „Menschen neuen Typus" eingeschlagen hatten.

Als ich nun am Sekretariat meiner Schule klopfte, schlug mein Herz schon etwas höher. Frau Brandt, die Sekretärin, bat mich herein. Ich mochte die ältere Dame. Sie war unsere Gartennachbarin und schimpfte daheim wie ein Rohrspatz über den Sozialismus, in der Schule aber spielte sie eine andere Rolle. Heute sah sie ernst aus. Sie meldete mich bei ihrem Chef an und schob mich, ohne ein Wort zu sagen, in sein Büro.

Ohne große Vorrede hielt mir der Schuldirektor einen Zettel vor die Nase, auf dem eins von den Gedichten stand, die ich beim Poetenseminar ausgelegt hatte. Heute kann ich nicht mehr sagen, was der Inhalt dieses Gedichtes war, aber es war garantiert weder christlich noch sozialistisch.

„Ist dieses Gedicht von dir, Christian?", hörte ich den Direktor fragen.

Ich fühlte mich wie in einer dichten Nebelbank. Wie hatte dieses Gedicht auf dem Tisch meines Schuldirektors landen können? Abgesehen von dem sozialistischen Geschwafel waren wir in Schwerin doch eine ganz nette Truppe gewesen, niemand hatte mich zuvor gekannt und es war auch kein anderer aus Schwaan in Schwerin dabei gewesen. Wie war also dieses Blatt Papier zu meinem Direktor

7. Ein Gedicht entscheidet über mein Studium

gekommen? Ich muss ziemlich belämmert dreingeschaut haben, denn er schob ungeduldig nach: „Nun sag schon, dass es dein Gedicht ist."

„Ja, ich habe das Gedicht geschrieben."

Der Direktor forderte mich auf, mich auf seinen Besucherstuhl zu setzen, warf sich in seinen Sessel und meinte: „Du kannst gut schreiben, Christian. Gefällt mir, was du so in der Freizeit machst. Was allerdings in deinen Gedichten nicht so gut rüberkommt, ist, dass du die führende Rolle unserer Arbeiterklasse und ihrer Partei nicht genug würdigst. Das muss sich ändern, Christian."

Damit erhob er sich auch schon wieder, gab mir mein Blatt Papier mit dem Gedicht zurück und sagte noch: „Ändere das, Christian!"

Ich war perplex. Anscheinend hatte ich Spielregeln nicht beachtet, von denen ich nicht einmal etwas gewusst hatte. Hätte ich geschrieben, dass die sozialistische Arbeiterklasse der DDR unter Führung der SED unser sozialistisches Heimatland aufbaut und andere Schichten der Bevölkerung dabei mitzieht, wäre alles auf Linie und somit in Ordnung gewesen.

Als ich mit meinem Gedicht in der Hand auf dem Schulflur stand, brannte noch immer mein Gesicht vor Aufregung. Ich fragte mich: *Was war das eben eigentlich?* Im ganzen Schulhaus war es mucksmäuschenstill und ich ging erst mal aufs Klo. Kaltes Wasser in meinem Gesicht half mir, mich ein wenig abzukühlen. Da ich kein Handtuch zum Abtrocknen fand, muss ich wohl zurück im Deutschunterricht ausgesehen haben, als hätte ich gerade geheult. Mein Lehrer schaute mich besorgt an, sagte erst keinen Ton, fragte aber später, als wir über unsere Aufsätze gebeugt dasaßen: „Alles in Ordnung mit dir?"

7. Ein Gedicht entscheidet über mein Studium

Wenige Tage später war dieses Ereignis für mich schon wieder ganz weit weg. Es war nicht vergessen, aber längst verjährt und als nicht mehr aktuell abgehakt. Nicht so für meinen Schuldirektor. In einer Hofpause rief er mich zu sich heran und bat mich wiederum in sein Büro. Jetzt sofort wollte er das von mir überarbeitete Gedicht sehen. Ich hatte aber weder ein überarbeitetes Gedicht noch die alte Fassung, ich hatte nichts dabei und konnte ihm nichts zeigen, selbst wenn ich gewollt hätte.

Und nun fiel ein Satz, der Weichen stellte in meinem Leben: „Tja, Christian, wenn wir uns nicht auf dich verlassen können, dann wirst du auch nicht studieren können."

Und damit war die Szene zu Ende. Von einer Sekunde zur anderen wurde aus dem guten Schüler einer, dem alles egal war. Mir war sofort klar, dass der Genosse Direktor tatsächlich die Macht hatte, derart willkürlich über einen Studienplatz zu entscheiden. Ich verlor jedes Interesse an der Schule. Innerhalb weniger Wochen war das auch an meinen Noten zu merken. Aber niemand kümmerte sich mehr um mich. Erst als ich begann, die Schule zu schwänzen, trafen mich wieder die Erziehungsmaßnahmen meiner sozialistischen Bildungsstätte.

Einmal machte ich gleich eine ganze Woche lang blau, ohne ein schlechtes Gewissen zu bekommen. Immerhin nutzte ich die Zeit, um unsere nähere Umgebung auf dem Fahrrad zu erforschen. Von unserer Doberanerstraße war es nicht weit bis zum Friedhof und von dort ging es hinein in den Lindenbruch, einen herrlichen kleinen Laubwald. Gleich dahinter schlossen sich die Feuchtwiesen an der Beke an. 70 Jahre zuvor hatte hier Professor Bonke mit seinen Rostocker Kunststudenten gestanden und gemalt. Später nannte man diese Gruppe die „Schwaaner Künstlerkolonie". Viele ihrer Gemälde hatte ich in der Wohnung unserer Kantorin Ida Loheit betrachtet und lieben gelernt.

Am Straßenrand neben einer dieser Feuchtwiesen, nicht weit vom Altersheim entfernt, stand eine Bank. Darauf saß Frau Kratkey. Noch vor wenigen Jahren war die alte Frau hin und wieder zu meiner Mutter zum Nachmittagskaffee gekommen. Sie war eine Siebenbürger Sächsin und fühlte sich nach dem Tod ihres Mannes und ihres Sohnes einsam. Inwieweit sie geistig noch auf der Höhe war, konnte ich nicht einschätzen. Auf alle Fälle bremste ich mein Fahrrad und sagte artig „Guten Tag!", bekam aber keine Antwort. Etwas verwirrt über dieses ungewöhnliche Verhalten ließ ich mich deshalb neben ihr nieder und fragte: „Was ist denn los, Frau Kratkey?"

„Ich will zu meinem Mann", antwortete sie leise und hielt ihre Augen unverrückt auf ein fernes Ziel gerichtet, als schaute sie durch den Lindenbruch hindurch bis auf den Friedhof. Als nun die Kirchenglocken mit dem Abendläuten einsetzten, wurde ich etwas nervös, denn ich wusste um den Ärger, den sich die Alten einhandelten, wenn sie nicht pünktlich um 18 Uhr im Altersheim eintrafen, wo das Abendessen gereicht wurde. Diesen Ärger wollte ich der Frau ersparen und so versprach ich ihr, sie zu ihrem Mann zu bringen, wenn sie nun zügig in ihre Unterkunft zurückkehrte. Sie war einverstanden und so radelte ich am nächsten Montagvormittag, während meine Klassenkameraden die Schulbank drückten, wieder zu der Bank, auf der ich tatsächlich Frau Kratkey antraf. Ich erfuhr, dass ihre Kräfte nicht mehr weiter reichten als bis zu dieser Bank, weshalb sie nie ihre verstorbenen Angehörigen auf dem Friedhof besuchen konnte. Also machten wir uns zusammen auf den Weg in Richtung Friedhof. Ich stützte mich auf den Fahrradlenker und die

7. Ein Gedicht entscheidet über mein Studium

alte Frau stützte sich mit ihren beiden Händen auf meine Schultern. Sicher ein komischer Anblick. Aber so schafften wir den Weg. Eine gefühlte Ewigkeit später standen wir an den Gräbern von Ehemann und Sohn. Ich schleppte eine Bank herbei und Frau Kratkey setzte sich. Ihr starrer Blick verlor sich langsam und sie begann, zu ihren lieben Verstorbenen zu sprechen. Sie weinte über ihre Einsamkeit und die bedrückende Lage, in einem kleinen Zimmer mit einer wildfremden Frau zusammenleben zu müssen. Ich machte mir indes Gedanken, wie ich sie wieder ins Altersheim zurückschaffen könnte. Aber alles ging gut und wir machten eine Woche lang täglich einen solchen Ausflug, das heißt, von Montag bis Freitag schwänzte ich die Schule. Meine Mutter stand in ihrer Kindergartenküche und ahnte nichts. Doch es kam, wie es kommen musste. Die Aktion flog auf, das Donnerwetter meiner Mutter war gewaltig und ich bekam einen Schulverweis. Zum ersten Mal stand auf meinem Zeugnis wenige Wochen später im Fach „Betragen" keine Eins. Das Traurigste an dieser Geschichte aber ist für mich noch heute, dass Lehrer, Direktor und auch meine Mutter schimpften: „Wie konntest du nur …?" Aber nicht einer fragte: „Was hast du eigentlich während der Woche gemacht?"

Wenigstens konnte sich meine schulische Situation kaum noch verschlechtern. Wie gern hätte ich Geschichte oder Theologie studiert, aber aus die Maus! Keiner kann sich vorstellen, welche Genugtuung ich empfand, als ich kurze Zeit später erfuhr, dass der Genosse Direktor Krebs hatte und wenige Monate später tot war. Ein schlimmer Satz, ich weiß, aber Vergebung ist ein schwieriges Kapitel …

Doch es half ja alles nichts – ich musste mich im Bezug auf meinen Berufswunsch völlig neu orientieren, weil ich keine Zulas-

7. Ein Gedicht entscheidet über mein Studium

sung für die EOS bekam und damit aus meinem Studium nichts werden konnte. EOS wurde die Erweiterte Oberschule genannt, die man durchlaufen musste, um studieren zu dürfen. Heute würde man Gymnasium sagen. Um einen Platz auf der EOS zu ergattern, musste man nicht immer nur gute schulische Leistungen bringen, da zählte auch die gesellschaftliche Einstellung. Es konnte also vorkommen, dass es einen Schüler gab, dessen Zensuren sich zwischen Drei und Fünf bewegten, der aber trotzdem zur EOS zugelassen wurde. Vielleicht hatte er ja das Zeug zu einem hervorragenden sozialistischen Nachwuchskader …

Bei mir aber biss die Maus keinen Faden ab und ich musste mich die folgenden drei Jahre ohne jede Motivation durch den Unterricht einer Schule quälen, die mich keineswegs optimal auf das Berufsleben vorbereitete, sondern ein Exempel an mir statuierte.

Immerhin gab es in unserer Straße einen privaten Tischlermeister, der auch ausbilden durfte. Er war wie ein großer Freund für mich, ich durfte ihn duzen und immer, wenn ich Lust hatte, in seiner Werkstatt besuchen. Der stellte mir wenigstens eine Lehrstelle in Aussicht, sodass meine Zukunft materiell gesichert schien. Aber nur für wenige Wochen. Eines Tages sah ich, wie aus seiner Werkstatt seine wichtigsten Maschinen herausgeholt wurden. Später erfuhr ich, dass er es mit den Steuern nicht so genau genommen hatte. Nun musste er sie zurückzahlen. Da es aber um seine Liquidität schlecht bestellt war, weil er sämtliche finanzielle Mittel in die Firma investiert hatte, wurden seine Maschinen gepfändet. Ohne die konnte er aber keine Lehrlinge mehr ausbilden oder Aufträge annehmen. Also wurden an diesem Tag gleich zwei Karrieren beendet.

Wieder musste ich mir etwas Neues suchen. Ich hörte von ei-

7. Ein Gedicht entscheidet über mein Studium

nem selbständigen Malermeister und ging zu ihm. Natürlich beichtete ich ihm gleich, dass meine Schulnoten drastisch in den Keller gegangen waren, doch er meinte nur: „Deine Noten interessieren mich nicht, arbeiten musst du können." Und so wurde ich nach der zehnten Klasse Malerlehrling.

Wochen später schrieb ich meine Erlebnisse mit Frau Kratkey auf. Ich wollte sie unbedingt veröffentlichen, nicht um mich als Held aufzuspielen, sondern um auf die Bedürfnisse alter Leute hinzuweisen. Von meiner „Mecklenburgischen Kirchenzeitung" erfuhr ich in einem Vier-Augen-Gespräch, dass so ein Beitrag keinerlei Aussicht hatte, die Zensur zu passieren, weil er eine herbe Kritik am DDR-Gesundheitssystem beinhaltete. Dabei hielt doch gerade die DDR ihr Gesundheitssystem für weltweit führend. Kein Redakteur der MKZ wagte es, mir diese Begründung schriftlich mitzuteilen, das gehörte zum Selbstschutz. Meiner SED-Tageszeitung schickte ich den Beitrag ebenfalls, aber auch von den Genossen Redakteuren bekam ich nie eine Antwort.

Hätte ich auf dem FDJ-Poetenseminar in Schwerin ebenfalls den roten Wortkämpfer gespielt, hätte ich vielleicht auch mal zu den zentralen Poetenseminaren nach Berlin fahren dürfen. Mit viel Glück wäre ich vielleicht ein roter Autor geworden. Aber mit Sicherheit wäre ich selbst dann bald im Aus gelandet, schließlich wäre ein solches Engagement doch nur geheuchelt gewesen.

8. Krieg: Äthiopien - Somalia

Drei Jahre Schule ohne weiterführende, echte Perspektive? So wie man Sie bisher kennengelernt hat, kann man sich kaum vorstellen, dass Sie sich nach einer solchen Behandlung radikal angepasst oder in die innere Emigration zurückgezogen haben. Wie sind Sie mit der Situation umgegangen?

Es ist nicht leicht, die Anspannung, ja die Angst zu vermitteln, die immer dann aufkam, wenn man eine Meinung äußerte, die nicht offizielle Parteimeinung war. Wer sich heute mit diesem Thema beschäftigt, der muss sich ins Bewusstsein rufen, dass bis 1989 die Staatsmacht mit Hilfe der Stasi und nicht zuletzt mit Rückendeckung des großen sowjetischen Bruders fest im Sattel saß und niemand an eine Vereinigung beider deutscher Staaten glaubte. Der Durchbruch zur Freiheit lag so weit außerhalb des Vorstellbaren, dass man nicht einmal einen Gedanken daran verlor.

In der Schule bekamen wir beispielsweise vorgegaukelt, dass der real existierende Sozialismus weltweit auf dem Vormarsch sei. Besonders im Bereich Afrika färbte sich die Weltkarte, die im Klassenzimmer hing, immer mehr rot. Am Horn von Afrika wurde beispielsweise der Kaiser von Äthiopien vertrieben und sein Land verwandelte sich in einen unserer sozialistischen Bruderstaaten. Auch das Nachbarland Somalia mutierte zur Volksrepublik. Natürlich

8. Krieg: Äthiopien – Somalia

wurden solche Beispiele bis zum Erbrechen im Staatsbürgerkundeunterricht, aber auch in Geschichte oder Geografie durchgekaut. Immer wieder ging es um den weltweiten Wettlauf zwischen Sozialismus und Kapitalismus.

Vor einem Thema drückten sich die Lehrer allerdings sehr geschickt. Wer, wie ich, täglich Ost- *und* Westnachrichten verfolgte, dem war klar, dass sozialistische Staaten unterschiedliche Wege auf dem Weg zum Kommunismus einschlugen. So unterschied sich der Sozialismus in Ungarn z. B. stark von dem in China, der wiederum deutlich abwich vom Gesellschaftssystem in der Sowjetunion. Im Unterricht war diese Diskrepanz aber nie ein Thema. Dort bildeten wir die große, heldenhafte, sozialistische Völkergemeinschaft, in die kein imperialistischer Feind einen Keil treiben konnte.

Als ich allerdings über das Westfernsehen erfuhr, dass sich die roten Zwillinge Äthiopien und Somalia in einem blutigen Krieg gegenüberstanden, war für mich eine Grenze erreicht. Relativ spontan versuchte ich meine Mitschüler zu mobilisieren und mit ihnen gemeinsam unseren Stabülehrer mit der Frage zu konfrontieren, wie so etwas denn sein könne. Niemand brachte den Mut auf, mich zu unterstützen, doch ich hatte nichts mehr zu verlieren. Also hob ich meinen Finger. In der Klasse wurde es totenstill. Alle wussten ja, was nun kommen würde. Als meine Frage dann im Raum stand, knisterte die Luft. Spätestens jetzt schoss mir die Frage durch den Kopf, woher ich den Mut nahm, so ein Fass aufzumachen. Wahrscheinlich lastete einfach viel zu viel Druck auf dem Ventil meiner Leidensfähigkeit, und da schließlich ohnehin besiegelt war, dass ich nicht studieren durfte, traute ich mich eben.

Komischerweise blieb ein Donnerwetter aus. Der Lehrer war erstaunt über diese Frage und lobte mich, weil ich die internationale

Lage so genau beobachtete. Restlos verblüfft hat er mich allerdings mit seiner Antwort: „Diese Frage kann ich dir jetzt nicht beantworten. Da muss ich erst beim Rat des Kreises in Bützow nachfragen."

Beim Rat des Kreises in Bützow? Heißt das, Ihr Lehrer hatte nicht die Befugnis, zum aktuellen politischen Geschehen Stellung zu beziehen?

Die Stadtverwaltung war der kleinste Verwaltungsapparat und hieß bei uns „Rat der Stadt". Dort gab es jede Menge Abteilungen. Eine für Volksbildung, eine für Gesundheit, eine für Wirtschaft und so weiter. Mehrere Städte bildeten zusammen einen Kreis und mehrere Kreise einen Bezirk. 14 Bezirke bzw. 15, wenn man Berlin mitrechnete, wiederum bildeten die DDR. Mein Heimatland Mecklenburg beispielsweise bestand aus den Bezirken Schwerin, Rostock und Neubrandenburg. Die Verwaltung – und Kontrolle – unseres Staatswesens war also bestens organisiert, und was für eine Interpretation des Krieges am Horn von Afrika der Rat des Kreises in Bützow abgeben würde, das konnte ich mir an fünf Fingern abzählen. Dennoch bekam ich von meinem Stabülehrer nie eine Antwort auf meine Frage. Dieses Beispiel macht deutlich, wie unsicher selbst die Amtsträger in vielen Fragen waren. Es zeigt, dass niemand vorher einschätzen konnte, wie ein Repräsentant unseres Staates mit kritischen Fragen umgehen würde. Er konnte so reagieren wie mein Lehrer, er hätte eine solche Frage aber auch als gezielte politische Provokation auffassen und an die Abteilung Inneres beim Rat des Kreises übergeben können. So lernte man schon als Schüler, dass es besser war, den Mund zu halten und dadurch ein ruhiges Leben zu führen.

8. Krieg: Äthiopien – Somalia

Im Übrigen sah ich meiner Zukunft ganz entspannt entgegen. Mein Ausbildungsplatz bei einem privaten Handwerker war mir sicher und ich war froh, dass ich in einem privaten Handwerksbetrieb nicht jene überaus beliebten, jährlich wiederkehrenden sozialistischen Pflichtübungen zu absolvieren hatte, wie sie in Staatsbetrieben üblich waren. Egal, ob es die großen Republikfeiern am 7. Oktober waren oder die vielen verschiedenen Kundgebungen in allen sozialistischen Städten und Dörfern – überall musste man mitmarschieren und vor allem ein fröhliches Gesicht zeigen. Bei Schülern und Arbeitern wurde sehr darauf geachtet, dass sie anwesend waren und unter anderem bei der Maikundgebung mit Fähnchen und Spruchelementen durch die Stadt an der Warnow marschierten.

9. Mit Tony Marshall in Güstrow

Ein Bürger, der den Mund hält und ein ruhiges Leben führt – ich kann mir vorstellen, dass das der Wunsch-Untertan der herrschenden politischen Klasse in der DDR gewesen ist. Im Allgemeinen aber zeigt ein Mensch ein derartig passives Verhalten eher, wenn wenigstens seine materiellen Bedürfnisse befriedigt werden. Nun ist aber heute allgemein bekannt, dass die staatlichen Strukturen der DDR auch dazu nicht in der Lage waren. Wie haben Sie nach den Restriktionen, die Ihre gesamte Lebensplanung beeinträchtigt haben, dann auch noch die materiellen Einschränkungen weggesteckt, die Ihnen den Alltag zusätzlich erschwert haben müssen?

Die Versorgungslage in der DDR wurde in den 80er-Jahren immer katastrophaler. Das Angebot an Konsumgütern verknappte sich dramatisch. Geradezu grotesk zeigte sich dieses Problem in dem Blumenladen, der am Marktplatz unserer Kleinstadt lag. Noch heute sehe ich das etwas makabre Bild vor mir, das sich in den beiden Schaufenstern bot: Trauerkränze, und zwar jahrein, jahraus. Eine etwas außerhalb gelegene Gärtnerei stellte sie her und lieferte sie in das Geschäft, um den Kunden den weiten Weg ins Umland zu ersparen. Zum Internationalen Frauentag, der bei uns Jahr für Jahr groß gefeiert wurde, verirrten sich dann einige wenige Topfblumen in die Regale, wo ansonsten fast durchgehend gähnende Leere

9. Mit Tony Marshall in Güstrow

herrschte. Oft sah ich die Verkäuferin im Laden sitzen und lesen oder stricken. Um ihr Gehalt brauchte sie sich keine Gedanken zu machen, dieser Betrieb war staatlich, das Gehalt kam also unabhängig davon, ob der Laden Gewinn abwarf oder nicht.

Ja, staatlich gelenkt war bei uns so gut wie alles. Die staatliche Plankommission des Ministerrates unter Vorsitz des Genossen Gerhard Schürer, zugleich Mitglied des ZK der SED, plante im 5-Jahrestakt so gut wie alles, ob es der Wohnungsbau, die Herstellung von Hosen oder die Belieferung mit Blumen war. Stimmten die Zahlen mal nicht, wurden sie stimmig gemacht. So waren z. B. fast alle Blumenläden volkseigene – also staatliche – Betriebe, während Bäcker oder Schuster auch privat wirtschaften konnten. Sie garantierten gute Bedienung, weil der Umsatz ins eigene Portemonnaie wanderte. Aber selbständig wirtschaftende Unternehmer, die einen guten Service, ein breites Angebot und hohe Warenqualität hätten garantieren können, waren eine seltene Ausnahme. Bei uns lief alles nur mit halber Kraft, von der Autoindustrie – auf einen Trabi musste man mindestens zehn Jahre warten – über die Klopapierfertigung bis zur Fleischproduktion. So gut wie alle Güter waren knapp, unter anderem, weil den Menschen einfach die ausreichenden Leistungsanreize fehlten.

Besonders nervig für mich war der schwierige Zugang zu Tonträgern mit „Westmusik". Ich war glühender Fan der ZDF-Hitparade und von Tony Marshall. Natürlich gab es weder Schallplatten noch Kassetten von ihm zu kaufen. Eine vertrackte Situation, in der ausgerechnet die ideologischen Strategen der DDR-Planwirtschaft Abhilfe leisteten, als sie in fast allen Kreisstädten die berühmt-berüchtigten Intershops eröffneten. *Intershop* – ab sofort war dies das Zauberwort für alle von Versorgungslücken geplagten Genossen, allerdings nur, wenn man Westverwandtschaft hatte, die einem

9. Mit Tony Marshall in Güstrow

armen Ostverwandten Westmark zukommen ließen. Mit diesem Westgeld in der Hand marschierte ich über den Güstrower Marktplatz und stand vor dem Schaufenster des Intershops. Zögernd trat ich das erste Mal ein. Allein der Duft im Laden war überwältigend. Sofort fühlte ich mich an meine weihnachtlichen Westpakete erinnert. Einen regelrechten Schock erlitt ich, als ich vor dem Regal mit Schokolade stand. Zum ersten Mal in meinem Leben sah ich, dass es mehrere Sorten Schokolade gibt. Dann entdeckte ich die Schallplattenecke, aus der mir schon mein Held Tony Marshall entgegenlächelte bzw. sein Konterfei auf einem Cover. Als ich dann mit Tony über den Güstrower Marktplatz Richtung Bahnhof lief, kam ich mir vor wie im Ausnahmezustand. Selbstverständlich musste ich die Platte im Zug des Öfteren aus der Tasche holen, damit auch jeder sah – *der war im Intershop!*

Eine Konzerttournee meines Idols durch die DDR hätte natürlich mein Glück vollkommen gemacht, doch Tony Marshall ist nie in der DDR aufgetreten. Maffay und Lindenberg, die stattdessen kamen, haben mich weniger interessiert, nicht zuletzt auch wegen der zahllosen Genossen, die bei solchen Gelegenheiten im Publikum saßen und aufpassten, dass alles systemtreu ablief. An ein Konzert mit Mireille Matthieu in der Rostocker Sport- und Kongresshalle kann ich mich allerdings noch gut erinnern. Es war Anfang der 80er-Jahre und ein großes Erlebnis, so eine Prominente aus dem Westen mal live erleben zu dürfen. Der bewegendste Moment kam, als das Konzert zu Ende war und die Halle tobte und lautstark nach einer Zugabe verlangte. Da kam die zierliche Französin noch einmal auf die Bühne und sprach in schlechtem Deutsch zu uns. Sie erzählte von guten und schlechten Zeiten und wies darauf hin, dass Lieder auch helfen könnten, den Blick nach vorn zu richten. Alles

9. Mit Tony Marshall in Güstrow

war so doppeldeutig, dass ich befürchtete, es würde jeden Moment eingeschritten – aber es geschah nichts. Dann sang sie „Unter der Laterne". Viele hatten damals Tränen in den Augen und sogar der junge Christian hat mehrmals geschluckt.

Kurze Zeit später begann es in der DDR-Bevölkerung aufgrund der Versorgungsmängel zu brodeln und man erfand eilig die „Deliläden", um die Leute zu besänftigen, die keine Möglichkeit hatten, an das Geld des Klassenfeindes zu gelangen. Hier bekam man zwar Westware, die man mit der DDR-Währung bezahlen konnte, allerdings zu Preisen, die sich nur wohlhabende Leute leisten konnten. Das war die Zeit, in der es meiner Meinung nach immer schneller bergab ging mit der DDR.

Ich erinnere mich noch an den Staatsbesuch von Bundeskanzler Helmut Schmidt in der DDR im Jahr 1981. Honecker – ganz der zuvorkommende Gastgeber – ließ Schmidts Besuch in Güstrow sehr sorgfältig vorbereiten. Er kam an einem Sonntag und ich wollte natürlich unbedingt dabei sein, geriet aber darüber mit meiner Mutter in Streit. Sie hatte solche Angst, dass ich ins Visier der Stasi geraten oder verhaftet werden könnte, dass sie mich nicht fahren lassen wollte. Ich setzte aber meinen Willen durch. Als ich im Venedig des Nordens ankam, traute ich meinen Augen nicht. Es war ausgeschlossen, über die Hauptstraßen auf den Marktplatz zu gelangen. Überall standen Polizisten und Männer in Zivil, denen man mit geübtem Blick sofort ansah, für wen sie arbeiteten. Da ich mich in der Stadt auskannte, versuchte ich über Seitenstraßen und Hinterhöfe auf den Marktplatz zu gelangen. Natürlich hatte ich keineswegs vor, dem Herrn Bundeskanzler ein Briefchen zuzustecken, wie es hin und wieder andere DDR-Bürger taten, es war einfach jugendliche Neugier, die mich dorthin trieb.

Bilderbuch statt Parteibuch

1963: Mit meiner Mutter im Kinderheim in Güstrow.

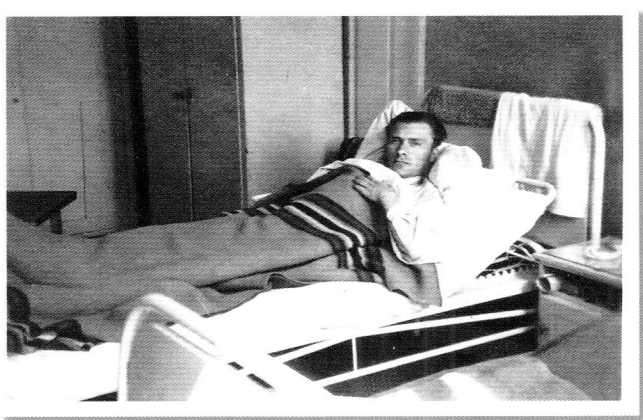

Mein Vater im gleichen Jahr in der TBC-Heilstätte Waldeck.

Nach einer Stunde ist die Besuchszeit beendet und der Abschied fällt schwer!

Glückliche Tage dagegen in Serrahn.

1966 im Kindergarten. Plastikgeschirr kam gerade in Mode.

Auf dem Serrahner Pfarrhof war ich der Chef.

Wer mich fotografieren wollte, musste mich mit einem Schlüssel – welcher Art auch immer – bestechen, damit ich nicht anfing zu weinen.

Kindheitsparadies Serrahn: Mit Großvater ...

... und Großmutter.

DDR-Kindergarten 1975: Meine Mutter (Die dritte Frau von links) dolmetscht einen ehemaligen Offizier der Roten Armee, der die Kindergärten und Schulen der Stadt Schwaan besucht anlässlich des 30-jährigen Jubiläums der Befreiung vom Hitler-Faschismus.

1. Juni 1968: Wie immer wird der Internationale Kindertag in meinem Kindergarten groß gefeiert.

Impressionen vom Leben in der DDR in den frühen Jahren

Der F8, ein Pkw des „Industrieverbandes Fahrzeugbau" der DDR, zwischen 1949 und 1955 hergestellt. Die Karosserie der ersten Modelle bestand aus Holz und war mit Kunstleder überzogen.

Mecklenburg um 1970: Wasserpumpen auf den Straßen waren keine Seltenheit. Hatten jedoch alle Haushalte Anschluss an die zentrale Wasserversorgung, war es verboten Wasser zu pumpen – deshalb das Schloss.

Auf dem Auersberg in Sachsen um 1965.

Evangelische Zeltmission 1967 in Serrahn. Jugendliche aus der ganzen DDR lauschten in einem großen Zelt den Predigten, ich interessierte mich aber eher für die Trabbis ...

... auch wenn ich selbst noch die Körperstärken den Pferdestärken vorzog.

Noch mehr Impressionen vom Leben in der DDR

Grau ist alle Theorie des klassenlosen Wohnens.

Blick auf einen Plattenbau. Links die Garagen, der Wäscheplatz und dahinter die filterlose Dreckschleuder der Fischfabrik Schwaan.

Am Tag meiner Jugendweihe. Das Geschenk in meinem Arm: „Der Sozialismus – Deine Welt". Das Buch bekam jeder Jugendliche in meiner Schule geschenkt.

*1975:
Meine „Schwalbe"
und ich – ein Traumpaar!*

„Ja, mach nur einen Plan, sei nur ein großes Licht und mach dann noch nen zweiten Plan, gehn tun sie beide nicht." Bert Brecht

Während die Planwirtschaft kaum funktionierte ...

... entfalteten die Segnungen des Kapitalismus recht schnell ihre Wirkung: Erster Markttag während der Wendezeit in Stavenhagen. Zum ersten Mal standen wir vor einem riesigen Klamottenangebot und lernten Kiwis und Nektarinen kennen.

In dieser heruntergekommenen Straße der DDR-Vorzeige- und Messestadt Leipzig wohnte mein Schwager in den 70er-Jahren: „Ruinen schaffen ohne Waffen"!

Mitte der 80er-Jahre ...

... und in der Wendezeit.

Die Kirche in Serrahn.

So ging es weiter nach der Wende

Michaelistag 1990: Unsere kirchliche Trauung in Graal-Mueritz.

*Das Leben wurde fröhlicher:
Die bessarabische Großmutter Erna am Tauftag ihres ersten Enkelkindes ...*

*... und bunter:
Rostock heute ...*

... und Schwaan heute

Stolzer Vater mit Töchterlein und Ehefrau Roswitha im Jahr 1991.

Familie Döring heute.

Vorne: Dorothea und Maria.
Hinten: die Eltern Christian und Roswitha, daneben Martin, Johanna und Bernhard.

Alljährlich zu Weihnachten bestimmen die Kinder ein Fotomotiv, das an die Verwandtschaft verschickt wird. Das Foto 2012 stand unter dem Motto „Sommer im Schnee" ...

Christian Döring

9. Mit Tony Marshall in Güstrow

Jedenfalls schaffte ich es irgendwie und irgendwann bis auf den Marktplatz und peilte dort erst einmal die Lage: Bei mindestens einem Drittel aller Anwesenden handelte es sich um Polizisten und andere Mitarbeiter unserer sozialistischen Ordnungskräfte. Der arme Honecker muss an diesem Tag sehr viel Angst ausgestanden haben. Das einfache Volk hatte keine Ahnung davon, was Gast und Gastgeber in der Innenstadt vorhatten. Das war uns auch ziemlich egal, viel interessanter fanden wir die Neugestaltung der Schaufenster rund um den Marktplatz. Da lagen plötzlich Apfelsinen und Bananen, da stand der gute Wein aus Ungarn und da gab es sogar den legendären Rotkäppchensekt. Die Menschenmassen ahnten natürlich, dass das alles für den Herrn Bundeskanzler arrangiert worden war, der den Eindruck bekommen sollte, dass der Sozialismus üppige Segnungen mit sich brachte. Leider habe ich dann nichts vom Kanzler selbst mitbekommen, wohl aber den vorüberziehenden Menschentross gesehen. Schmidt hat damals sicher nicht ein einziges Schaufenster zu Gesicht bekommen. Doch während er noch vom Markt zum Dom unterwegs war, nutzten die Leute die Gelegenheit und unternahmen einen ungewohnten Schaufensterbummel. Später erfuhr ich, dass zwei Geschäfte wenige Stunden danach ausgeraubt worden waren.

Als ich an jenem Nachmittag in den Zug nach Schwaan stieg, bemerkte ich, dass aus dem mausgrauen Güstrower Bahnhofsgebäude ein schneeweißes Haus geworden war. Allerdings hatte man diese Schönheitskur nur drei Seiten der Fassade angedeihen lassen. Die vierte Hauswand war nicht gestrichen worden, die, die Helmut Schmidt beim Aussteigen ohnehin nicht würde sehen können. Ob der Kanzler es je bemerkt hat, weiß ich nicht, aber der DDR-Bevölkerung war es aufgefallen. Bei all den Bahnhofsgebäuden, an denen

9. Mit Tony Marshall in Güstrow

Schmidt im Zug vorbeigerauscht war, waren exakt zwei Seiten geweißelt worden: Die den herannahenden Zügen zugewandte Seite und die Fassade, die sich über den Gleisen erhob. Das hatte was von potemkinschen Dörfern ...

Wer so etwas hautnah miterlebte, dem wurde bewusst, wie minderwertig sich das sozialistische Deutschland gegenüber seinem kapitalistischen Westbruder fühlen musste.

Farbe für Häuserfassaden gab es übrigens nur über Beziehungen. Doch mit diesem Phänomen sollte ich mich noch eingehender beschäftigen ...

10. Ich darf nicht in die Partei

Man hat also den Niedergang fortschreiten sehen und nur wenig tun können. Welche Chancen hätten Sie, Herr Döring, gehabt, kritisch, aber konstruktiv in die Geschicke des Staates einzugreifen? Hätten Sie nicht als Mitglied der SED oder einer der Blockparteien auf die Maßnahmen der Entscheidungsträger einwirken können? Schließlich waren die Parteibosse doch unablässig bestrebt, das Volk für ihre Sache zu mobilisieren ...

Das stellen Sie sich mal lieber nicht zu einfach vor, Herr Heinritz. Ich kann Ihnen dazu eine Geschichte erzählen:

Das schlimmste Unterrichtsfach war für mich der Sport. Ich bin zu klein geraten dafür und mein Bauch war schon immer zu groß, kurzum: Ich hasste die schulischen Leibesübungen abgrundtief. Zu meinem persönlichen Leidwesen war es aber so, dass die DDR sich über den Sport definierte. Bis ins kleinste Dorf war er durchorganisiert. Es gab Bezirks- und Kreisolympiaden, Crossläufe und vieles andere mehr. Der Spruch „Sport ist Mord und Massensport ist Massenmord" ist zu der Zeit entstanden und ich war ein glühender Verfechter dieser Parole.

Immerhin hatte ich das Glück, von einem jungen Sportlehrer unterrichtet zu werden, der alle Turnübungen selbst vorturnte und sich auch nicht zu schade war, die geforderten Runden beim Aus-

10. Ich darf nicht in die Partei

dauerlauf mitzulaufen. Dies war mir und den anderen Schlusslichtern in meiner Klasse oft ein Ansporn durchzuhalten. Obwohl also sein Fach in meiner Popularitätsskala aller Fächer den letzten Platz einnahm, war mir der Lehrer doch sehr sympathisch, ja, er mutierte immer mehr zu meinem Lieblingslehrer – nicht zuletzt deshalb, weil er auch mein Lieblingsfach Deutsch unterrichtete. Deutsch war in meiner Schule unterteilt in Literatur und Rechtschreibung. Weil ich schon früh ein Faible für Literatur entwickelt hatte, lief der entsprechende Unterricht des Öfteren auf ein Zwiegespräch zwischen meinem verehrten Lehrer und mir hinaus. Zur Pflichtlektüre einer jeden jungen sozialistischen Persönlichkeit gehörten Bücher wie „Das siebte Kreuz" von Anna Seghers oder „Wie der Stahl gehärtet wurde" von Nikolai Ostrowski. Oft hatte ich diese Bücher als Einziger zu Hause gelesen und mein Lehrer unterhielt sich folglich ganz allein mit mir über die sozialistische Gegenwartsliteratur.

Einmal – und diese Geschichte werde ich nie vergessen, weil sie für mich so untypisch klang – setzte er sich zu Beginn der Deutschstunde auf die Tischkante seines Lehrerpultes und erzählte uns erst einmal von einem Erlebnis, das ihn seit Tagen beschäftigte. Er hatte einen Antrag gestellt und um Aufnahme in die SED gebeten. Nun könnte man meinen, die Partei hätte ihn mit offenen Armen aufgenommen. Der normale Verlauf wäre gewesen, dass er eine Zeit lang als Kandidat der SED gegolten hätte und ihm ein erfahrener Genosse an die Seite gestellt worden wäre, der ihn in die Geheimnisse der Partei einweihte. Aber so lief es in seinem Fall nicht und der Grund dafür war relativ einfach: Da die DDR ein von den Arbeitern und Bauern regiertes Land war, durfte die Anzahl der Intelligenzler unter den Parteigenossen eine bestimmte Prozentzahl nie übersteigen. Es gab extra Leute in der SED-Kreisebene, die auf die Einhaltung dieses Prinzips zu achten hatten, egal wie sinnvoll es war.

Für mich war das etwas völlig Neues und mein Lehrer war ziemlich geknickt. Im Nachhinein hat sich dieser Umstand aber als Glücksfall für ihn herausgestellt. Nach der Wende wurde er Schulleiter und sogar Stadtpräsident von Schwaan.

Meine eigenen politischen Ambitionen hat das seinerzeit natürlich nicht gerade beflügelt. Im Schulalter hätte ich mich allenfalls innerhalb der FDJ hervortun können. Aber das tat ich nur ein einziges Mal. In der neunten oder zehnten Klasse mussten alle FDJler die Prüfung ablegen, um das begehrte Abzeichen für politisches Wissen zu bekommen. Das hatte irgendein Funktionär in Berlin erfunden und bald wurde diese Aktion in allen Schulen der DDR umgesetzt. Wir mussten also an einem freien Nachmittag im Blauhemd in die Schule kommen, wo man unser politisches Wissen abfragte. In Fünfergruppen wurden wir vor eine Jury gerufen, der wir Fragen zur Staatsbürgerkunde beantworten sollten. Nachdem ich auf alle Fragen so ausführlich wie möglich geantwortet hatte, mussten wir schier endlos warten. Als wir dann erfuhren, dass man uns allen zusammen das Abzeichen für politisches Wissen in Silber verleihen würde, platzte mir fast der Kragen. Ich stellte meine Klassenleiterin zur Rede, die ebenfalls in der Jury gesessen hatte, und verlangte eine Begründung dafür, dass wir trotz des vollständig beantworteten Fragenkatalogs kein Gold bekamen. Ihre Antwort war ebenso typisch wie lachhaft, aber ich vermute, dass sie ehrlich war: „Bitte, Christian, bleib ruhig, wir haben einfach keine Abzeichen in Gold aus Bützow geliefert bekommen."

Und was meinen übrigen Einfluss auf die „Maßnahmen der Entscheidungsträger" anging – man musste sich nur das Verhalten der

10. Ich darf nicht in die Partei

Parteibosse auf den unteren Ebenen ansehen, dann wusste man, wie das gemeint war mit dem Prozess der demokratischen Willensbildung in der Deutschen *Demokratischen* Republik.

Einer, der mir heute noch vor Augen steht, kam aus Sachsen und wurde unser Bürgermeister. Mir war er unsympathisch, weil er gleich zum Amtsantritt eine große, frisch umgebaute Wohnung konfiszierte – und das im Haus meiner geliebten Kantorin. Da die alte Dame keine Verwandten mehr gehabt hatte, fiel der Kommune nach ihrem Tod das Gebäude zu. Und dem Bürgermeister eine moderne Wohnung in den Schoß. Beinahe heulend habe ich miterlebt, wie die herrlichen Gemälde, ihre alten Möbel und der ganze Hausrat auf einen Hänger geworfen und auf die städtische Müllhalde gebracht wurden. Damals interessierte sich noch niemand für alte Möbel.

Einen anderen Parteikader lernte ich in Harry Tisch kennen. Zunächst war er Erster Sekretär der Bezirksleitung der SED Rostock. Vergleichbar mit dem Ministerpräsidenten eines Bundeslandes heute. Die tägliche Arbeit des Genossen Tisch bestand darin, mit seiner Alkoholsucht fertig zu werden. Viele Schwaaner haben ihn an ihren Arbeitsplätzen in Rostock erlebt, meistens schwankend. Als selbst Genossen nur noch über ihn lachten, war er nicht mehr tragbar und wurde strafversetzt nach Berlin. Monatelang hörte man nichts mehr von ihm, doch eines Tages tauchte er wieder auf und nannte sich fortan Chef des Freien Deutschen Gewerkschaftsbundes. Lächerlicher konnte sich die politische Klasse nicht mehr machen, aber die Fassade hielt noch viele Jahre.

Tja, wo sollte ich mich also engagieren? Ich sah für mich keinerlei Möglichkeiten und blieb der Kirche treu. Vielleicht auch deshalb, weil mit dem neuen Pastor frischer Wind eingezogen war. Er legte mehr Wert auf Jugendarbeit. Da streckte ich gern meine Fühler aus.

11. Wie ich mit meinem Pastor Farbe klaute

Wir haben nun einen aufschlussreichen Einblick erhalten in die Praktiken, mit denen die Lehranstalten in der DDR versuchten, die angehenden Staatsbürger schon von Kindesbeinen an auf Linie zu bringen. Sie haben bereits angedeutet, wie Ihr Weg nach dem unfreiwilligen Ende Ihrer Schulkarriere weiterging. Ihre Erfahrungen als sozialistischer Werktätiger waren sicher nicht weniger interessant. Wie funktionierte so ein DDR-Betrieb eigentlich? Berichten Sie uns?

Aber gerne. Ich hatte ja das große Glück, in einem privaten Handwerksbetrieb den Beruf des Malers erlernen zu können. Mit zehn Gesellen und zwei Lehrlingen hatte die Firma eine Größe erreicht, die nicht mehr zu überbieten war. Größer, so schrieben es die DDR-Gesetze vor, durfte kein privater Handwerksbetrieb sein. Der Grund: Ein größerer Betrieb hätte mehr Umsatz gemacht, doch dafür gab es staatlich festgelegte Beschränkungen. Denn – konnte eine von einem privaten Unternehmer betriebene Firma effektiver und erfolgreicher sein als ein Staatsbetrieb? Oh nein, das ging auf keinen Fall, da es wichtige Kernsätze des sozialistischen Glaubensbekenntnisses ad absurdum geführt hätte. Und so kam es, dass vie-

11. Wie ich mit meinem Pastor Farbe klaute

le Güter des täglichen Lebens – von der Schallplatte über den Karpfen bis zur Wandfarbe – ausgesprochen rar waren. Es klingt wie ein Witz, dass sich DDR-Bürger Tapeten von der Westverwandtschaft schicken ließen, die in der DDR produziert wurden. Aber so war die DDR-Wirtschaft nun einmal aufgebaut.

Für Devisen wurde alles verkauft, sogar Menschen. Jahre später habe ich diesen innerdeutschen Menschenhandel selbst kennengelernt. Vom Ministerium für Staatssicherheit der DDR, also dem In- und Auslandsgeheimdienst der DDR, der berüchtigten Stasi, wurde mir die sofortige Ausreise in ein Land meiner Wahl angeboten, womit man im Allgemeinen die Bundesrepublik Deutschland meinte. Dass sich die DDR-Behörden diese unmenschliche Praxis vom Westen bezahlen ließen, ist spätestens seit dem Mauerfall bekannt. Die Regierung der BRD stellte viel Geld zur Verfügung, um freigekaufte DDR-Bürger nach Westdeutschland zu holen. Ich ging jedoch auf dieses Angebot nicht ein. Meine Heimat war Mecklenburg, und meiner Westverwandtschaft wollte ich keinesfalls auf der Tasche liegen.

Doch zurück zu meiner Arbeitsstelle. Als Lehrling arbeitete ich immer mit einem Gesellen zusammen, bei größeren Aufträgen auch mal mit mehreren. Weil eine Privatperson ohne Beziehungen so gut wie keine Chance hatte, einen Maler zu bekommen, blühte eine Art Schattenwirtschaft im Verborgenen. So gut wie alle Gesellen und selbst die Lehrlinge stürzten sich nach Feierabend in die lukrative Schwarzarbeit.

Eine Begebenheit macht deutlich, wie dieser „Wirtschaftszweig" funktionierte: Mein Pastor lag mir wochen- und monatelang in den Ohren, dass die kleine Dorfkapelle in Göldenitz dringend gestrichen werden müsse. Farbe hatte er natürlich keine, wie denn auch, es gab

11. Wie ich mit meinem Pastor Farbe klaute

ja keine zu kaufen, und sein Genexkonto war fast leer. Bei diesem Genexkonto handelte es sich um eine ungewöhnliche Geldquelle, die ihre Entstehung ebenfalls dem absonderlichen Wirtschaftsgebaren eines sozialistischen Staates verdankte und anfangs nur als Geschenkdienst für Kirchengemeinden diente. Man bezeichnete damit Geldkonten in der Bundesrepublik, die vom Westen bestückt wurden. Verwalter waren meistens westdeutsche Pastoren und Diakone. Diesen Kollegen teilten die Ostpastoren mit, was sie dringend brauchten. Das konnte ein Trabi, eine Gefriertruhe oder auch eine Rolle Linoleum sein. Je nachdem, wie die beiden Pastoren miteinander konnten, lief es gut und zum Vorteil der Kirchengemeinden in der DDR.

Da das aber bei meinem Gemeindehirten nicht der Fall zu sein schien, blieb uns nichts anderes übrig, als die benötigte Farbe für die Kapelle zu klauen.

In unmittelbarer Nachbarschaft des Pfarrhofes befanden sich die Schülerspeisung und die Großküche der Schule und meine Malerfirma hatte die Aufgabe, den Gebäudekomplex farblich instand zu setzen. Wir taten also unser Bestes. Laut Rechnung wurde alles dreimal gestrichen, in Wirklichkeit aber höchstens ein- oder zweimal. Natürlich blieb viel Farbe übrig, die sich dann die Gesellen und Lehrlinge für ihre Schwarzarbeit teilten. Auch ich ließ meine kriminellen Energien fließen und griff zu. Ich musste die Farbe nur über die Straße tragen und in der Garage des Pastors verschwinden lassen.

Wie konnten Sie es denn mit Ihrem Gewissen vereinbaren, die Farben einfach zu stehlen?

11. Wie ich mit meinem Pastor Farbe klaute

Im Allgemeinen liegen mir Diebereien nicht. Als ich aber dieses kostbare Nass für die Kapelle in Göldenitz klaute, hatte ich dennoch kein schlechtes Gewissen. Der Staat hatte nichts übrig für Kirchenbauten und es gab keine Farbe zu kaufen, also war das für mich der einzige Weg, um an das nötige Material zu kommen. Was geschehen wäre, wenn mich jemand erwischt hätte? Vielleicht gar nichts Schlimmes. Der Mann auf der Straße wusste um solche Praktiken und hielt den Mund, denn irgendwann war auch er Nutznießer solcher Geschäfte. Und hätte mich wirklich mal ein strenger ABV erwischt, ja gut, dann hätte ich den angerichteten Schaden wohl in dreifacher Höhe bezahlen müssen.

Als die Kapelle dann nach einigen Wochen wie neu dastand, merkten wir beide, dass noch viel Farbe übrig war. Also beschlossen wir, auch dem Altar und den Holzsäulen meiner heimatlichen Schwaaner Kirche zu neuem Glanz zu verhelfen. Komme ich von Zeit zu Zeit mal wieder in die Pauluskirche, dann stehe ich einfach da und bewundere meine marmorierten Säulen …

Natürlich kenne ich das Gebot *Du sollst nicht stehlen*. Meine Großmutter hat es mir in Serrahn beigebracht und ich kenne sie auch heute noch, die 10 Gebote. Dennoch hatte ich nie Gewissensbisse bei solchen Aktionen, und immer, wenn man etwas *„abgezweigt"* hatte, rechtfertigte man sich untereinander: „Wenn die uns nicht damit versorgen können, dann müssen wir es uns halt nehmen!" Eine höhere Instanz wird eines Tages entscheiden, ob diese Entschuldigung anerkannt wird.

Das Leben eines permanenten Organisierers wurde mit den Jahren zur zweiten Natur der meisten DDR-Bürger. Doch wir waren nicht nur die Jäger, immer wieder mal mussten wir auch für die Beute sorgen. Unser Malerbetrieb arbeitete nach dem kapitalistischen

11. Wie ich mit meinem Pastor Farbe klaute

Prinzip: Wer gut arbeitet, bekommt gutes Geld! Arbeitsbremse war jedoch oft der Meister selbst, wenn es ihm beispielsweise nicht gelang, rechtzeitig Lacke und Farben vom Chemiehandel Rostock zu besorgen. Wenn er dort mit seinem nagelneuen Multicar vorfuhr und seinen Bestellzettel auf den Verkaufstisch legte, musste er damit rechnen, dass mindestens die Hälfte der Farben und Lacke nicht vorrätig war, zumindest nicht in der benötigten Menge. Da war es sehr hilfreich, dass unser Meister eine Mutter im kapitalistischen Ausland hatte. Sie wohnte in Hamburg und schickte ihrem Sohn kartonweise Sekt nach Schwaan. Wenn es dann im Zentrallager in Rostock wieder einmal hieß: „Wir können Ihnen leider nur eine Kanne Vorstreichfarbe verkaufen", winkte mein Meister mit einer Flasche Sekt und im Nu standen drei Kannen Farbe im Auto.

12. Vom Privatmaler in den VEB

Was für ein Tapetenwechsel! Aus der Kaderschmiede angehender Kommunisten, wo man die Milch der reinen sozialistischen Denkart schlürfte, in die Niederungen eines Alltags, den die schwarzarbeitenden Werktätigen und Überlebenskünstler irgendwie bewältigen mussten. Wie sah der aus? Was hatten die Arbeiter und Angestellten zu tun, wenn sie mal keine Freundschaftsdienste leisteten? Und was war Ihre Rolle dabei?

Im September 1979 begann für mich im Alter von 16 Jahren die Lehre. Nach meinem ersten Arbeitstag hatte ich um 16.30 Uhr die Nase bereits gestrichen voll. Von morgens bis abends musste ich alte Farbkannen reinigen, die zum Teil zentimeterdicke festgetrocknete Farbreste enthielten. Also kippte ich Verdünnung in die Kannen, ließ sie ausbrennen und schrubbte sie anschließend mit einer Drahtbürste. Alles genau so, wie mein Meister es mir erklärt hatte.

Nach diesem ersten Arbeitstag konnte es also nur noch besser werden. Aber auch mein zweiter Arbeitstag verlief nicht gerade ideal. Ich wurde einem Gesellen zugeteilt, der mir erklärte, wie ich Fenster von alter Farbe befreite und Kittfalze neu füllte, um dann den ersten Farbanstrich aufzutragen. Ich balancierte im zweiten Stock eines Wohnhauses auf einem Fensterbrett, hatte einen Farbtopf mit zwei Litern weißer Farbe neben meinen Füßen ste-

12. Vom Privatmaler in den VEB

hen und war gerade dabei, mit meinem Pinsel die erste Farbschicht aufzutragen, da polterte es plötzlich unter mir und ich sah meine weiße Farbe über die Gehwegplatten des Bürgersteigs rinnen. Mit feuerrotem Kopf stand ich auf dem Fensterbrett. Mein Geselle aber nahm alte Lappen, schob die Farbe zusammen, kippte Verdünnung auf den Fleck und scheuerte alles weg. Richtig gut ging es mir erst wieder, als er mir verriet, dass ihm so etwas in seiner Lehrzeit auch passiert war. Danach waren wir beste Kumpel und von da an ging es bergauf mit mir. Die Ausbildung war vielseitig und gründlich und ich erlernte selbst die alte Kunst des Holzmaserns, durch die man unscheinbaren Holzflächen nachträglich eine mehr oder weniger spektakuläre Zeichnung verpasst. Während ich die praktische Ausbildung in einem privaten Betrieb absolvierte, übernahm die staatliche Berufsschule den theoretischen Teil. In der Berufsschule „PGH Farbe und Raum" in Güstrow trafen sich die Malerlehrlinge des gesamten Kreises. Wir wurden in Fächern wie „Sozialistisches Recht", „Farbenlehre" und „Technisches Zeichnen" unterrichtet, aber leider auch in dem ungeheuer beliebten Fach „Marxismus/Leninismus". In „ML", wie wir es nannten, hörten wir dieselbe alte Leier klimpern wie in der Schule in Staatsbürgerkunde: die SED habe immer recht und „Ohne Gott und Sonnenschein" brächten wir die Ernte ein und so weiter und so fort.

Was ich allerdings in den Pausengesprächen mit den Schülern aus den Kombinaten und volkseigenen Betrieben über ihre Arbeit erfuhr, machte mich erst richtig glücklich darüber, dass ich eine Lehrstelle in einem Privatbetrieb bekommen hatte. Sie klagten sehr über einseitige Arbeiten oder tagelanges, untätiges Rumsitzen. Über ihren Mangel an Beschäftigung konnte ich mich nur wundern, weil es in meiner Firma mehr als genug Arbeit gab.

12. Vom Privatmaler in den VEB

Mein Anfangsgehalt im ersten Lehrjahr betrug 90 DDR-Mark und am Ende bestand ich meine Gesellenprüfung mit der Note 2. Der Meister übernahm mich und ich freute mich, dass ich bei ihm bleiben konnte. Mit monatlich 700–800 Mark verdiente ich ganz gut und war zufrieden, denn immerhin bekam man in einer Kneipe für ganze 49 Pfennig schon ein Glas Bier und die Monatsmiete für eine normale Altbauwohnung betrug sagenhafte 20 Mark!

Nach etwa zwei Jahren erhielten wir den Auftrag, den Betriebskindergarten eines großen VEB zu streichen, was uns verwunderte, weil große Betriebe im Allgemeinen eigene Betriebshandwerker hatten, also auch einen eigenen Maler. Das konnte uns aber egal sein und wir begannen mit unserer Arbeit. Eines Tages nahm mich der Direktor des VEB bei der Arbeit beiseite und fragte: „Sagen Sie mal, hätten Sie nicht Lust, bei uns als Betriebsmaler anzufangen?"

Zunächst lehnte ich höflich ab und gab zu bedenken: „Jetzt verdiene ich 800 Mark. Ich weiß ja gar nicht, was Sie zu bieten hätten."

Der Genosse Direktor lachte und antwortete: „Was? Euer Meister lässt euch so schuften und schickt euch mit 800 Mark nach Hause? Also bei mir müsstest du nicht so viel arbeiten und hättest jeden Monat garantiert über 1000 Mark!"

Das konnte ich kaum glauben und erbat mir erst mal eine Woche Bedenkzeit, während der ich einige Erkundungsgänge durch den VEB unternahm. Dabei traf ich auf eine Bekannte, die dort als Sekretärin arbeitete, und wir kamen ins Gespräch.

Sie fragte mich: „Wie viele Tage brauchst du denn, um ein Büro zu streichen?"

Ich antwortete: „Na, wenn ich morgens gleich um 7.00 Uhr loslege, kann ich bis zum Feierabend um 16.15 Uhr fertig sein."

Sie machte große Augen und erklärte mir, wie der Betriebs-

12. Vom Privatmaler in den VEB

handwerker bisher arbeitete: „Der lässt sich am Montagvormittag höchstens mal kurz sehen und schafft es dann vielleicht bis Freitagmittag."

Der volkseigene Betrieb war eine Fischfabrik, die auch Maler, Schlosser, Tischler und Maurer beschäftigte, um das Werk am Laufen zu halten. Was ich anfangs in den Werkstätten zu sehen bekam, schockierte mich. Die Betriebshandwerker hatten keine Arbeit und wenig Material, aber jede Menge Alkohol. So war auch der einzige Maler des VEB ein Trinker, der morgens um 7.00 Uhr so zittrig zur Arbeit kam, dass ich mir häufig Sorgen machte, wie ich mit ihm wohl den Tag überstehen würde. Nachdem er einige Schlucke Nitroverdünnung zu sich genommen hatte, schaffte er sein Arbeitspensum bis 9.00 Uhr einigermaßen gut. Dann holte er sich aus der betriebseigenen Verkaufsstelle eine Flasche Wein und mischte sie mit Verdünnung. Das reichte ihm bis etwa 13.00 Uhr und dann schlief er meistens bis um 16.00 Uhr. Bei den anderen Handwerkern lief es ähnlich. Manchmal kam der Technische Direktor morgens in die Werkstatt und sagte: „Tja, Arbeit habe ich keine für euch. Aber bitte – ich will euch nicht draußen besoffen rumlaufen sehen. Benehmt euch, es kann sein, dass heute noch jemand aus Bützow kommt."

Seine Sorge war berechtigt und bei Besuchen von Wirtschaftsleuten aus der Kreisebene wollte sich natürlich kein Verantwortlicher mit einem angetrunkenen Mitarbeiter blamieren.

Es gab aber auch Lichtblicke – die Frauen in der Produktion arbeiteten fleißig und ununterbrochen im Dreischichtsystem, die Meister achteten streng auf die Einhaltung der Pausenzeiten, und um die Motivation hochzuhalten, wurde mit Prämienzuschlägen gearbeitet.

Und das Prunkstück: Neben den alten Anlagen befand sich auch

12. Vom Privatmaler in den VEB

eine völlig neue Produktionshalle auf dem Betriebsgelände. In den 80er-Jahren ermöglichte die Politik neue Formen der Zusammenarbeit mit dem Klassenfeind. Die lief so, dass Firmen aus der Bundesrepublik die neue Produktionshalle mit modernen Maschinen ausrüsteten, die die DDR eigentlich gar nicht bezahlen konnte und vorderhand auch nicht musste. Dafür brachten LKWs aus Cuxhaven wöchentlich große Mengen leerer Konservendosen, in die der verarbeitete Brathering abgefüllt und mit dem Hinweis *„Hergestellt in Cuxhaven"* etikettiert wurde. Ohne Rechnung gingen diese Lebensmittel dann in den Westen. Wie diese Art von Zusammenarbeit, dieses Joint Venture, zustande kam und ob es funktionierte, kann ich nicht beurteilen. Ich bekam nur mit, was sich an der Basis abspielte, und da war man frustriert, dass diese Konserven für DDR-Bürger über den Handelsweg mal wieder nicht erreichbar waren. Aber man war ja Meister in der Kunst des Abzweigens ...

Ich kann heute nicht mehr sagen, was den Ausschlag gab für meine Entscheidung, trotz dieser ambivalenten Eindrücke im VEB Fischverarbeitung in Schwaan als Betriebsmaler anzufangen. War es wegen der enormen Gehaltserhöhung oder weil ich dort weniger arbeiten musste oder weil ich einfach mal etwas Neues ausprobieren wollte? Rückblickend behaupte ich, dass es jedenfalls heilsam und gut war, die Schlampereien selbst gesehen und miterlebt zu haben.

Trotz all dieser Erlebnisse werde ich jedoch auch heute noch sauer, wenn ich höre, die Arbeiter und Angestellten in den volkseigenen Betrieben wären einfach nur faul gewesen. Man muss da schon genauer hinschauen. Ohne Aufträge, ohne Material und ohne jede Motivation blieb ihnen nicht viel anderes übrig, als Däumchen zu drehen. Es lag einfach am System. An einem System, das zwangsläufig zusammenbrechen musste. Mit einem lauten Knall ging eini-

12. Vom Privatmaler in den VEB

ge Jahre später alles zu Ende und die Leute begriffen nur langsam, dass sie die Sache selbst in die Hand nehmen mussten.

Aber ich eile schon wieder zu weit voraus. Alles, was der Technische Direktor mir versprochen hatte, traf ein. Ich fand allmonatlich über 1000 Mark in meiner Lohntüte, tatsächlich auch fürs gelegentliche Nichtstun. Denn der Mensch gewöhnt sich schnell an das etwas leichtere Leben, und so saß ich an manchen Tagen in der Schlosserei und unterhielt mich mit einem alten Genossen über Gott und Marx.

13. Gespräche mit einem Genossen

Was Sie da erzählen über die Arbeitsbedingungen in dieser Fischfabrik, die in anderen volkseigenen Betrieben ähnlich gewesen sein dürften, klingt heutzutage wie ein Märchen in den Ohren der Arbeitnehmer, die teils schon ab Mitte vierzig als nicht mehr vermittelbar gelten auf dem Arbeitsmarkt. Das ist schwer nachvollziehbar in einer Leistungsgesellschaft, in der von wahnwitzigen Managergehältern, absurden Bonuszahlungen und miserabler Steuermoral bis hin zu Altersarmut, Bildungsmisere und Hartz IV alles möglich zu sein scheint – nur kein Arbeitsmodell „Schlendrian". Die Einzigen, die von diesem System profitiert haben dürften, waren die Fische. Die haben sich wahrscheinlich gefreut über die verlängerte Gnadenfrist ...

Ich kann mir aber vorstellen, dass Sie auch aus dieser Zeit etwas mitgenommen haben für sich – nein, ich meine nicht schon wieder Farbe, ich meine Ihre Gespräche über „Gott und Marx". Gab es da etwas?

Aber natürlich, Herr Heinritz, mitgenommen habe ich neben Abfallholz, Farben, gefüllten Konservendosen und frisch geräucherten, noch warmen Sprotten auch so manche Erfahrung, die ich heute nicht missen möchte.

13. Gespräche mit einem Genossen

Da gab es genug Erlebnisse, die mir jeden Tag aufs Neue die Absurditäten des sozialistischen Systems vor Augen geführt haben.

So wie meine Aufgabe, als Betriebsmaler auch die Spruchtransparente für die Jubelfeierlichkeiten der Arbeiter am 1. Mai zu gestalten. Ganz im Sinne der Planwirtschaft wurde die Anzahl der zu beschriftenden Transparente vorher nach der Anzahl der zu erwartenden Arbeiter genau berechnet. In meiner „PGH Farbe und Raum" hatte ich u. a. eine Ausbildung im Fach „Schrift" absolviert, also musste ich ran und pinselte unter anderem: *„Hoch – die internationale Solidarität"* oder *„Mit übererfüllten Plänen voran zum X. Parteitag der SED"*.

Für die Agitatoren entbrannte wenige Tage vor dem 1. Mai immer wieder der Kampf mit den Mitarbeitern, die erst mal dazu überredet werden mussten, diese Transparente während der Demonstration zu tragen. Da diesen Job grundsätzlich niemand übernehmen wollte, half häufig nur noch die Androhung, andernfalls Prämienzuschläge zu streichen. Das half schon eher und so fanden sich letztlich doch immer ausreichend „Freiwillige".

Daneben gab es aber auch Erlebnisse, die meine Sicht auf das Leben nachhaltig und eher positiv geprägt haben.

Zu meiner „Brigade der Werterhaltung" gehörte eine Schlosserei mit etwa zehn Schlossern. Ihre Aufgabe bestand im Wesentlichen darin, die Maschinen und Produktionsanlagen am Laufen zu halten. Einer der Schlosser, der alte Schwaller, stand kurz vor der Rente und genoss das Privileg, nicht mehr auf oder in jede Maschine klettern zu müssen. Die jüngeren Schlosserkollegen nahmen ihm das gerne ab, konnten sie sich doch auf seine reiche Erfahrung verlassen, wenn mal wieder eine Maschine kaputt und kein Ersatzteil greifbar war. Häufig mussten sie die fehlenden Teile

13. Gespräche mit einem Genossen

selbst nachbauen und griffen dafür gerne auf das Wissen des älteren Kollegen zurück.

Mir wurde dieser Mann, der auch Mitglied der SED war, während vieler Arbeitsstunden zu einem guten Gesprächspartner. Gleich in den ersten Tagen rief er mich zu sich und sagte: „Du bist also der Neue. Und bei der Kirche bist du auch. Na ja, macht nichts. Komm rein!"

Ich trat ein in seine Schlosserwerkstatt und er zeigte mir seine 50 Jahre alte Drehbank mit den beiden ebenso alten Sesseln zur Linken und zur Rechten. Ich machte es mir gemütlich und er trat an seinen Werkzeugschrank.

„Den mach ich aber nicht für jeden auf", sprach er und öffnete sein Allerheiligstes. Ich staunte nicht schlecht, als mein Blick auf den Inhalt fiel. Der hatte nämlich Ähnlichkeit mit der Regalwand hinter einem Kneipentresen. Drei Sorten Schnaps und etliche Flaschen Bier waren dort aufgereiht.

„So, jetzt müssen wir anstoßen, sonst wird das nichts mit uns", meinte der Schlosser nur und holte etliche Spirituosen heraus. Nach einer Stunde waren eine Flasche Kognak und ich weiß nicht mehr genau wie viele Flaschen Bier leer.

In den folgenden Monaten erzählte mir der redselige alte Mann viel aus seinem Leben. Zwei Jahre seines Lebens hatte er im KZ zugebracht, war 1945 halb verhungert befreit worden und nun, Jahrzehnte später, tief enttäuscht darüber, wie seine Genossen den real existierenden Sozialismus gestalteten. Schon vor der Machtergreifung Hitlers war er Kommunist geworden. Nicht zuletzt deshalb, weil er viele jüdische Freunde hatte und im Kampf dieser radikal antifaschistischen Partei eine – wenn auch geringe – Chance sah, die sich abzeichnende Verfolgung andersdenkender oder anders glau-

13. Gespräche mit einem Genossen

bender Menschen abzuwenden. Im Lauf der Jahre setzte er sich immer intensiver mit der Ideologie der kommunistischen Partei auseinander, befand vieles für gut – und bezahlte für seine Überzeugung.

Seine Erlebnisse im Konzentrationslager machten ihn jedoch alles andere als mundtot, eher schienen sie ihm die Furcht vor staatlichen Repressalien etwas genommen zu haben. Kaum war die DDR im Jahr 1949 gegründet, fing er schon wieder an, Fehlentwicklungen laut zu kritisieren. Irgendwann hörte er aber auf damit, weil man ihm mehr als deutlich zu verstehen gegeben hatte: „Wer die Entscheidungen der Partei kritisiert, ist ein Konterrevolutionär und wird aus der Partei ausgeschlossen."

Was mich immer in Erstaunen versetzte, war die Tatsache, dass der ehemalige Rotfrontkämpfer sich sogar ein wenig in der Bibel auskannte.

„Weißt du, so fremd sind wir uns gar nicht. Im Grunde war dein Jesus auch nichts anderes als ein Revolutionär", meinte er und wir waren uns einig, dass die DDR anders aussehen könnte, wenn die Führung die Christen nicht wie Feinde behandeln würde.

Aber leider fragte in Berlin niemand nach der Meinung des Genossen Schwaller oder des Kollegen Döring oder anderer Unzufriedener, die ich mit der Zeit in unserem VEB kennenlernte.

Dementsprechend groß war Schwallers Wut auch Jahre später noch, als ich ihn hin und wieder in der Stadt traf, über „die heutigen Dummschwätzer", wie er die Partei- und Staatsführung nannte, die ihm seine politische Heimat jederzeit entziehen konnten. Jedenfalls hatten wir immer genug Gesprächsstoff und redeten oft über den lieben Gott und die Kirche, auch über Thälmann, den er einmal in Hamburg selbst erlebt hatte. Dieser Genosse wurde mir zu einem Freund, mit dem ich hart diskutieren konnte, der mir aber auch ein

13. Gespräche mit einem Genossen

wenig leidtat, weil er in seiner Partei irgendwie gefangen und zugleich zutiefst enttäuscht von ihr war.

Leider war ich nicht sehr lange als Maler in diesem volkseigenen Betrieb. Eines Tages bekamen die Glaser Fensterscheiben geliefert, die stehend und zwischen großen Holzpaletten eingeklemmt transportiert wurden. Beim Abladen vom LKW fuhr der Gabelstapler über einen Stein und die Palette geriet ins Wanken. Ich wollte die Fensterscheiben retten und warf mich mit meinem gesamten Körpergewicht gegen diese Wand aus Holz und Glas. Was ich in den wenigen Millisekunden, in denen meine Entscheidung dazu fiel, nicht beachtet hatte, war das Gewicht dieser Palette: einige Zentner. So fiel sie doch, und zwar auf mich. Dieser Arbeitsunfall war entscheidend für meinen weiteren Lebensweg.

14. Meine erste Rezension

Einen Moment bitte. Bevor wir in neue Galaxien des sozialistischen Universums vorstoßen, würde mich noch interessieren, was aus Ihrer Leidenschaft für die Literatur wurde. Sicher haben Sie nach Feierabend und nach all den Pinseln und Schraubenschlüsseln gerne mal einen Füller in die Hand genommen, irgendwo muss Ihr Know-how als Rezensent und Buchautor ja herkommen. Lief diese Entwicklung parallel?

Ich widerspreche Ihnen sehr ungern, Herr Heinritz, aber als Buchautor konnte man mich zu jener Zeit noch nicht bezeichnen. Mein erstes Buch habe ich erst viele Jahre nach der Wende im Born-Verlag zusammen mit Simone Ahlbrecht veröffentlicht. „Kennt auch dich und hat dich lieb" ist ein Andachtsbuch für Vorschulkinder. In der DDR hätten christliche Themen keine Chance auf Veröffentlichung gehabt. Damals habe ich Kurzgeschichten in Hülle und Fülle geschrieben, die meisten allerdings für meine Schublade und einen Teil für die Mecklenburgische Kirchenzeitung. Das waren oft Geschichten, in denen es um Knastbrüder oder Alkoholiker ging. Mit dem Alkoholproblem hatte ich ja in vielerlei Hinsicht immer wieder zu tun. Zum einen, wie bereits erwähnt, in meiner Fischfabrik, zum andern aber auch in meinem geliebten Serrahn. Dort hatte nämlich inzwischen der Sachse Heinz Nitsche seine Arbeit mit Alkoholikern

14. Meine erste Rezension

begonnen. Der Diakon gründete ein diakonisches Zentrum und begann eine Tätigkeit, die nicht nur vom Staat misstrauisch beobachtet wurde, sondern zunächst auch in Kirchenkreisen keineswegs wohlwollend aufgenommen wurde. Ich beobachtete sein Engagement aus der Ferne, bekam bei einigen Besuchen tiefere Einblicke und schrieb im Folgenden darüber.

Ich war aber auch am anderen Ende der „literarischen Verwertungskette" intensiv unterwegs. Da ja das Lesen schon immer zu meinen Lieblingsbeschäftigungen gehörte, las ich so ziemlich alles, was ich in die Hände bekam. Schon als Kind hatte sich mein Taschengeld fast immer innerhalb weniger Tage in gebundenes Papier verwandelt. Bücher waren in der DDR billig. Das Angebot an christlichen Büchern war allerdings nicht zu vergleichen mit dem, was es heute in deutschen Buchläden zu kaufen gibt. Alles war auf die rote Parteilinie getrimmt und geistliche Literatur fand man so gut wie nie in den Buchhandlungen, die natürlich fast alle staatlich waren. Aber wer ein wenig suchte, fand durchaus Möglichkeiten, auch an diese Titel zu gelangen.

So gab es beispielsweise in Rostock einen kleinen christlichen Buchladen, in dem ich Stammkunde wurde. Das war zu der Zeit, in der in vielen DDR-Büchern stand: „Der Vertrieb in Westdeutschland, Westberlin, Österreich und der Schweiz ist nicht gestattet." Doch ausnahmsweise war hier mal nicht die Ideologie die Ursache für ein Verbot, sondern schuld war der ständige Mangel an Rohstoffen in der DDR. Und das war schon ärgerlich, denn unsere Bücher waren von guter Qualität, auch im Vergleich mit dem Angebot im kapitalistischen Ausland. Wir hätten also unsere Bücher mit guten Verkaufschancen auch in den Westen exportieren können, der Papiermangel aber machte das unmöglich. Ein weiterer Engpass wäre

14. Meine erste Rezension

die Folge gewesen, und bei fahrlässigen Verknappungen in der Bücherversorgung rechneten die DDR-Ideologen schon eher mit unkontrollierbaren Unmutsäußerungen der Bevölkerung, als wenn es um Tapeten oder frische Blumen ging.

> *„... bei fahrlässigen Verknappungen in der Bücherversorgung rechneten die DDR-Ideologen mit unkontrollierbaren Unmutsäußerungen der Bevölkerung ..."*
> *Was für ein Satz! Der geht einem Literaturschaffenden runter wie Öl. Was haben Sie denn so für Bücher gelesen?*

Da war zum Beispiel A. O. Schwede. Ich habe die Werke dieses DDR-Pastors noch heute in meinem Bücherregal stehen. Er beschrieb vor allem die nordischen Länder, deren Persönlichkeiten und ihre geschichtliche Entwicklung. Durch ihn lernte ich Karen Jeppe oder Carl von Linne kennen. Dass Schwede in Kirchenkreisen so bekannt wurde, lag sicher vor allem daran, dass er Länder beschrieb, die wir nur als Rentner hätten besuchen dürfen, wäre da nicht die politische Wende von '89 dazwischengekommen. Die aber lag weit außerhalb unserer Vorstellungskraft.

Ich achtete darauf, von A. O. Schwede jedes neue Buch zu bekommen. Also informierte ich mich regelmäßig über den Katalog der Evangelischen Verlagsanstalt in Leipzig, die damals *der* Zentralverlag der DDR für evangelische Publizistik war, und ließ mir die Bücher gleich nach Erscheinen per Post zuschicken. Es war deshalb so wichtig schnell zu sein, weil die interessanten Bücher häufig schon kurz nach Erscheinen wieder vergriffen waren.

Hin und wieder gelang es auch meiner Westverwandtschaft, ein Buch über die Grenze zu schmuggeln. Auf diese Weise wurde ich ein

14. Meine erste Rezension

großer Fan von Jörg Zink. Klar, dass ich aller Welt von ihm und seinen interessanten Büchern erzählen wollte. So traf es sich gut, dass es in unserer Mecklenburgischen Kirchenzeitung eine Rubrik mit dem Titel „Das neue Buch" gab. Ich beschloss, meine Leseeindrücke aufzuschreiben. Ein Blatt Papier und ein Kugelschreiber waren schnell zur Hand, dann wanderte der Text in ein Kuvert, Briefmarke drauf und ab ging die Reise zur Redaktion nach Schwerin.

Auf eine Veröffentlichung aber wartete ich vergeblich. Stattdessen bekam ich einen Gesprächstermin mit dem Chefredakteur. Ich war stocksauer. Warum nahmen sie meine Rezension nicht? Wildentschlossen nahm ich mir extra einen Tag Urlaub und fuhr zur Redaktion der Mecklenburgischen Kirchenzeitung nach Schwerin. Allein die Hin- und Rückfahrt mit der Dampflock dauerte etwa vier Stunden. Als ich dann in der Münzstraße in der Baracke der MKZ saß, wurde mir klar, dass ich einen Fehler gemacht hatte. Wie hätten die Leser der MKZ an Bücher von Zink kommen sollen? Da es diese Bücher in der DDR nicht zu kaufen gab, wäre meine Rezension in der MKZ gleichbedeutend gewesen mit einem Aufruf an die Mecklenburger, bei ihrer Westverwandtschaft Zink-Bücher zu bestellen. So eine Peinlichkeit hätte keine DDR-Zensur durchgehen lassen, weshalb der Chefredakteur nicht einmal mit dem Gedanken gespielt hatte, meinen Beitrag einzureichen.

Dennoch wurde das Gespräch sehr interessant für mich. Der Zeitungsmann ermutigte mich, weiter Artikel zu schreiben und einzureichen, legte mir aber auch dar, welch einen Balanceakt er Woche für Woche zu bestehen hatte. Denn er musste eine ehrliche Zeitung für die Christen Mecklenburgs zusammenstellen, hatte aber stets die staatliche Zensur im Nacken. Wenn er die fertige Zeitung Woche für Woche den staatlichen Behörden in Schwerin vorlegte, be-

14. Meine erste Rezension

gann oft ein Feilschen um einzelne Wörter. Mit den Jahren konnte der Zeitungsmacher bereits im Vorfeld einschätzen, welche Themen und Wörter durchgingen und welche überhaupt nicht. Als ich später tatsächlich einige Jahre als freier Mitarbeiter für die MKZ tätig war, lernte ich einzuschätzen, welcher Redakteur bereit war, etwas zu riskieren, und welcher eher zaghaft agierte. Besonders schätzte ich die Zusammenarbeit mit Hermann Beste. Er war nicht nur ein Pastor aus dem Volk, der spätere Landesbischof war auch bereit, um Themen und Worte zu kämpfen.

Immer noch stocksauer – diesmal aber nicht auf den Chefredakteur, sondern auf mein sozialistisches Heimatland – fuhr ich nach Hause. Wenig später schrieb ich dann meine erste Rezension, die auch erschien. „Missionsarzt in Afrika" hieß das Büchlein von Leander Stirling. Keine Weltliteratur, aber interessant, weil auch hier ein Land beschrieben wurde, das für den DDR-Leser unerreichbar war. Was außerdem nicht zu verachten war: Die Rezension wurde bezahlt und ich hatte eine Geldquelle aufgetan, mit der ich den Kauf meiner nächsten Bücher finanzieren konnte.

15. Sicherheitsinspektor ohne Parteibuch?

Aha, da bahnt sich ja eine zweigleisige Karriere an – und das in der DDR!
Habe ich recht? Und vor allem: Wie ging es denn weiter nach Ihrem Arbeitsunfall?

Ich war viele Monate krankgeschrieben und musste alle sechs Wochen vor einer Ärztekommission erscheinen, die bestätigen sollte, dass ich nach wie vor arbeitsunfähig war. Der sozialistische Arbeiter war in der DDR finanziell gut abgesichert, gerade auch bei Arbeitsunfällen, und die medizinische Behandlung war grundsätzlich kostenlos. Immerhin humpelte ich lange Zeit auf zwei Krücken durch die Gegend und musste jede Woche nach Rostock in die Universitätsklinik gefahren werden, damit mein Knie eine neue Spritze bekam. Aber – ob es anfangs die Fahrt mit dem Sanitätsauto oder mit zunehmender Besserung die Überlandfahrt mit dem Linienbus war – jede noch so kleine Ausgabe konnte ich bei meiner Krankenkasse einreichen, die das Fahrgeld anstandslos erstattete.

An ein Weiterarbeiten als Maler war allerdings nicht zu denken und mein Betrieb war verpflichtet, mir neue berufliche Perspektiven zu eröffnen. Also verbrachte ich einige Wochen probeweise

15. Sicherheitsinspektor ohne Parteibuch?

in der Telefonzentrale. Mit Hilfe einer Anlage, die wohl noch aus Kriegszeiten stammte, hatte ich nach kurzer Einarbeitungszeit 46 innerbetriebliche Telefonanschlüsse mit eingehenden Gesprächen zu versorgen. Das hieß, ich konnte mithilfe kleiner Leuchtlämpchen genau verfolgen, wie lange das von mir vermittelte Gespräch dauerte und wann ein gewisses Zeitlimit überschritten war. Im Sinne höherer Arbeitseffektivität – und damit fast ungewohnt – hatte man die technischen Voraussetzungen geschaffen, dass ich im Falle eines Telefonstaus gleich mehrere Gespräche auf einen Apparat legen konnte. Das bedeutete, in dem Moment, in dem ein Kollege auflegte, klingelte gleich sein nächster Gesprächspartner.

An ein ganz besonderes Westgespräch erinnere ich mich noch gut. Ein Geschäftsmann aus Cuxhaven hatte ein Problem mit den Damen unserer Versandabteilung zu besprechen. Dieser Anschluss war aber besetzt und so legte ich den Anruf auf den Apparat „Versand", in der Annahme, das laufende Gespräch sei bald beendet. Als ich irgendwann aber merkte, dass es kein Ende nehmen wollte, schaltete ich mich zu. Dieses rücksichtslose Vorgehen war absolut erlaubt, ja, man forderte ausdrücklich von mir, Privatgespräche ohne Ankündigung zu beenden. Was für ein heikler Auftrag, kannte ich doch fast alle Kolleginnen persönlich und wusste, dass kaum eine von ihnen zu Hause ein Telefon stehen hatte. Darum verstand ich, dass sie die Betriebstelefone häufig für private Gespräche nutzten. Meine Aufgabe verpflichtete mich aber, in solche Gespräche reinzugehen und sie unerbittlich abzubrechen, auch wenn ich schmunzeln musste, als ich hörte, wie eine junge Mutter der Oma stolz verkündete, dass der Sprössling endlich seinen ersten Zahn bekommen hatte. Wortlos beendete ich das Gespräch und der Teilnehmer aus Cuxhaven kam zu seinem Recht.

15. Sicherheitsinspektor ohne Parteibuch?

Auch wenn diese Praxis etwas rigide war, stellte sie mich doch vor keine größeren Probleme. Schwierig wurde es nur, wenn der Klassenfeind aus Cuxhaven anrief und ich das Gespräch nicht so ohne Weiteres weiterreichen konnte. Was in aller Welt durfte man in einer derartig brisanten Situation von sich geben? Ich bekam zuvor eine exakte Schulung, was ich mit Imperialisten aus Cuxhaven zu reden hatte und was nicht. Grundsätzlich durfte ich nur an ganz wenige Leute innerhalb des Betriebes Gespräche dieser Art weiterleiten. Manchmal war es lachhaft, aber ich hatte meine Anweisungen und diese waren nicht zu hinterfragen, jedenfalls nicht hörbar.

Ja, man wusste, was man sich schuldig war, war man doch der größte Arbeitgeber in der Region, nannte sich VEB Fischfabrik und produzierte Fisch in Dosen. Bekannt waren wir im Westen vor allem für unseren Fisch in Rotweinsoße. Als diese Produktionslinie eröffnet worden war, wurde bei uns so viel Rotwein verschoben, dass man damit die gesamte Ostsee hätte einfärben können. Und auch hier ließen die Mitarbeiter eifrig die eigenen Produkte mitgehen. Schließlich wollte man wenigstens ab und zu von den Früchten der eigenen Arbeit kosten, die es bei uns ja nicht zu kaufen gab, weil alles Wertvolle immer nur für den Export ins kapitalistische Ausland produziert wurde.

Einen Teil meiner Arbeitszeit nach dem Unfall verbrachte ich auf politischen Schulungen, die der neue Arbeitsbereich mit sich brachte. Hier ging es in erster Linie um Politik, um die Direktiven und Hauptaufgaben des letzten Parteitages der SED, es ging um Wirtschaftsfragen und es ging natürlich auch um das Verhalten gegenüber Geschäftspartnern aus dem kapitalistischen Ausland. In der Telefonzentrale arbeiteten wir im Dreischichtsystem, auch an den Wochenenden. Wir unterstanden direkt dem Sicherheits-

15. Sicherheitsinspektor ohne Parteibuch?

inspektor, der nach Direktor und Produktionsleiter der wichtigste Mann im Betrieb war und das Rentenalter bereits erreicht hatte. Der Brandschutz des Betriebes lag in seinen Händen, aber auch für die Schulungen mit der Waffe in der Hand hatte er zu sorgen. Ja, die sogenannten Kampftruppen waren eine feste Größe in den volkseigenen Betrieben und Kombinaten. Die Mitglieder dieser Einheiten hatten gut ausgebildet zu sein. Für den Fall, dass der Klassenfeind bei uns einmarschiert wäre, wurden wir sogar an Maschinenpistolen und Handgranaten trainiert.

Eines Tages schickte dieser Sicherheitsinspektor eine seiner Mitarbeiterinnen zu mir. Sie lobte mich, weil ich so verantwortungsbewusst arbeitete, und meinte, sie würden mich gerne zur Weiterbildung in die benachbarte Kreisstadt Güstrow schicken. Ich ging auf den Vorschlag ein und fuhr im Folgenden einmal pro Woche nach Güstrow. Nicht schlecht staunte ich dann, als einige Zeit später der Sicherheitsinspektor höchstpersönlich in meine Pförtnerloge trat und frei heraus berichtete, dass er sich in der Lehreinrichtung nach mir erkundigt und nur Lobesworte gehört habe. Dann ließ er die Katze aus dem Sack. Er meinte, dass ich der geeignete Mann für seine Nachfolge sei. Das hörte ich natürlich gern und dachte auch gleich an das traumhafte Gehalt, der Haken an der Sache kam aber prompt: „Lieber Kollege Döring, mit dem Genossen Direktor habe ich bereits gesprochen, er wäre mit einem Sicherheitsinspektor Döring einverstanden. Es gibt da nur noch die Sache mit Ihrer Parteizugehörigkeit."

Aus der Traum.

Um ihn erst mal hinzuhalten, meinte ich, dass ich mir in den nächsten Tagen überlegen wolle, welcher Partei ich mich anschließen würde, aber er ließ keine Zweifel aufkommen: „Aber Herr Dö-

15. Sicherheitsinspektor ohne Parteibuch?

ring, für eine derartig wichtige Funktion müssen Sie natürlich in einer Partei organisiert sein, die in erster Linie die Interessen der AK wahrnimmt."

Damit stand ich vor einer Entscheidung.

Natürlich käme ich heute besser an bei Ihnen, Herr Heinritz, wenn ich sagen könnte, ich hätte sofort zurückgegeben: „Niemals gehe ich in die SED!" Aber so war es nicht.

Ich erbat mir wieder mal Bedenkzeit, grübelte tagelang und wog die Vor- und Nachteile ab. Viele DDR-Bürger, die in einer ähnlichen Situation waren, flüchteten in solchen Fällen in eine der Blockparteien. Aber da hatte ich Pech. Der Genosse Direktor war SED-Mitglied und der Genosse Produktionsleiter, der in der Firmenhierarchie gleich hinter dem Direktor kam, war in der CDU. Die SED aber achtete peinlich darauf, dass sie in jedem Gremium, in jeder noch so kleinen Betriebseinheit immer mehrheitlich vertreten war. Wäre ich also der CDU beigetreten, wäre der Laden von einem SED-Mann und zwei CDU-Mitgliedern geleitet worden. Das durfte nicht sein, dieser Ausweg war mir also verbaut.

Dabei waren die Verlockungen schon sehr groß. Brachte das Amt des Sicherheitsinspektors nicht ungeheure Vorteile mit sich? Auf einem sicheren Posten sitzen, bis zur Rente gutes Geld verdienen, nicht viel arbeiten, gemütlich Kaffee trinken, Kontakt zu vielen Handwerkern pflegen und schließlich vielfältige Möglichkeiten genießen, an Farben, Beton und sonstiges Baumaterial zu kommen. Zeitweise kam ich mir vor, als hätte man mir den Stuhl einfach so vor die Tür gesetzt – vor die Tür zu einer Goldmine. Und musste man nicht auch einfach mal Kompromisse schließen, um in einer Diktatur – und ich bezeichne die DDR als Diktatur – zu überleben? Hatte ich das nicht eh schon das eine oder andere Mal getan? Zum

15. Sicherheitsinspektor ohne Parteibuch?

Vorzeigehelden taugte ich einfach nicht und die Kraft, in allen Lebenslagen gegen den Strom zu schwimmen, fehlte mir definitiv.

Andererseits – um seinen Glauben in einem totalitären System nicht vollständig zu verlieren, war es überlebenswichtig, seine Überzeugungen nicht ganz und gar aufzugeben. Irgendwo wollte ich mir weiterhin jeden Morgen im Spiegel ins Gesicht schauen können. Und meinen Gott wollte ich erst recht nicht verlieren, denn ich brauchte ihn so sehr, um Mensch zu sein.

Letztlich fielen die Würfel dann aber doch nach relativ kurzer Bedenkzeit. Einen Eintritt in die SED – dieses Zugeständnis konnte ich meinem sozialistischen Heimatland beim besten Willen nicht machen. Diese Hürde war zu hoch, der Verrat an meinen Überzeugungen, an Gott wäre zu gravierend gewesen. Ein paar Tage später teilte ich das meinem Sicherheitsinspektor mit. Seine Antwort fiel sehr knapp aus und ich glaube sogar, dass er damit gerechnet hatte. Um niemals wieder in eine solche Situation zu kommen, trat ich dann später stillschweigend in die CDU ein.

Zunächst aber kehrte ich erleichtert in mein Pförtnerhäuschen zurück, verband täglich einige hundert Telefongespräche und ließ Arbeiter die Werkschranke passieren. Bei alledem wusste ich aber, dass meine Zukunft nun nicht mehr in der Fischfabrik lag. Zwar hatte ich finanziell gesehen ausgesorgt und dank des Unfalls einen Anspruch auf meinen gut bezahlten Arbeitsplatz in der Fischfabrik, sogar auf eine zusätzliche Teilrente – doch all diese „Boni" konnten mich vor einer gewissen inneren Leere nicht schützen …

16. Der VEB ermöglichte mir Rüstzeiten

Ach du liebe Zeit – einen solchen Karrierefisch an der Angel und dann die Schnur gekappt? Ich kann durchaus verstehen, dass man eine solche Entscheidung nicht einfach mal so nebenbei trifft. Umso gespannter bin ich jetzt, ob und wenn, wie Sie aus dieser Laufbahn-Sackgasse wieder herausgefunden haben. Aber Sie deuten Entsprechendes ja schon an in den letzten Sätzen des vorigen Kapitels. Was meinen Sie mit „innerer Leere"?

Naja, ich war ein junger Kerl, arbeitete im VEB, genoss die beruhigende Wirkung der sozialistischen Planwirtschaft und hatte mehr Geld als viele andere, die mehr arbeiten mussten als ich. Ich wusste, wenn ich mich ruhig verhalten und einfach mit statt gegen den Strom schwimmen würde, hätte ich ausgesorgt. Doch mehr und mehr bemächtigte sich meiner diese innere Leere. Klar, ich ging sonntags fleißig in die Kirche, jeden Donnerstagabend in den Bibelkreis und schrieb meine Beiträge für die MKZ, aber irgendwann befriedigte mich das alles nicht mehr.

Irgendwann in dieser Zeit erfuhr ich eher zufällig, dass das Diakonische Werk der Mecklenburgischen Landeskirche sogenannte „Roller-Latscher-Rüstzeiten" organisierte, und zwar in Serrahn,

16. Der VEB ermöglichte mir Rüstzeiten

dem Lieblingsort meiner Kinderzeit, direkt am Krakower See. „Roller-Latscher-Rüstzeiten" hatte man diese Veranstaltungen getauft, weil hier Rollstuhlfahrer und unversehrte Menschen, die ihre Beine benutzen konnten, gemeinsam eine Freizeit besuchten. Rollstuhlfahrer, die sich um Plätze bei diesen Freizeiten bewarben, gab es jede Menge und viele Anmeldungen mussten abgelehnt werden. Was aber immer fehlte, waren die „Latscher". Ihre Aufgabe war es, die schweren, primitiven Rollstühle zu schieben und die Roller in den Herausforderungen des Alltags zu unterstützen.

Nun hatte ich zwar noch nie zuvor mit Rollstuhlfahrern zu tun gehabt, war aber offen für neue Erfahrungen. Was mich eher zögern ließ, war die Tatsache, dass ich für so eine Veranstaltung zehn Tage meines bescheidenen Jahresurlaubs opfern musste, der gerade mal kümmerliche 18 Werktage umfasste, zu denen zu allem Überfluss auch noch die Samstage zählten. Ich überlegte lange hin und her, bis mich ausgerechnet mein Freund, der Genosse Schlosser, auf eine grandiose Idee brachte:

„Stell doch beim Betriebsleiter einen Antrag auf Freistellung für gesellschaftliche Arbeit."

Da hatte er recht! Und – auch wenn niemand einen Anspruch auf eine Freistellung hatte – meine Chancen standen gar nicht mal so schlecht, dass der Betriebsleiter einen solchen Antrag positiv beschied. Immerhin war der sozialistische Staat selig, dass die Kirchen sich so bereitwillig der Mühseligen und Beladenen annahmen, denn Zivildienst oder Freiwilligendienste, wie man sie heute kennt, gab es in der DDR nicht.

Zwar stemmte die FDJ einige Großprojekte, diese waren aber weniger im sozialen Bereich angesiedelt. So halfen junge Facharbeiter, die in der FDJ organisiert waren, unter anderem auf sozi-

16. Der VEB ermöglichte mir Rüstzeiten

alistischen Großbaustellen mit. In meiner Umgebung war das zum Beispiel ein Gleisbett, das für die Bahnstrecke Schwaan-Rostock verlegt wurde. Die Personallücken, die diese Einsätze dann in den Betrieben rissen, wurden kompensiert, indem andere Arbeiter deren Arbeit unentgeltlich übernahmen. Das war Einsatz für die Republik!

Jedenfalls wurde ich zum Betriebsleiter zitiert, nachdem ich meinen Antrag auf bezahlte Freistellung abgegeben hatte. Etwas mulmig war mir schon zumute, aber der Genosse Betriebsleiter empfing mich mit einer Tasse Kaffee. Er ließ sich genau erklären, wer diese Rüstzeit organisierte, fragte sogar nach, wo denn die Rollstuhlfahrer alle herkämen, und freute sich dann, dass jemand aus seinem Betrieb sich zu dieser wichtigen gesellschaftlichen Tätigkeit bereitfand. Er bedankte sich bei mir und teilte mir mit, dass mein Antrag selbstverständlich bewilligt würde.

Das war zur damaligen Zeit so außergewöhnlich, dass ich tief Luft holen musste und noch Tage später das Haar in der Suppe suchte. Aber ich fand keins. Mehrere Jahre fuhr ich dann mit der Unterstützung meines sozialistischen Heimatlandes zu kirchlichen Rüstzeiten und machte gemeinsam mit mehreren Latschern und etwa zehn Rollstuhlfahrern Urlaub am Krakower See. Und – so unglaublich es heute klingt – gerade für die jungen Rollstuhlfahrer waren das oft die einzigen Tage im Jahr, an denen sie dem Altersheim entfliehen konnten. Ja, Herr Heinritz, dem Altersheim! Der Gedanke, unser Lebensumfeld sukzessive so behindertengerecht wie möglich umzugestalten, war den Verantwortlichen in der DDR-Politik vollkommen fremd. Rollstuhlfahrer, deren Angehörige ihre Betreuung oder Pflege in dieser schwierigen Umgebung nicht wahrnehmen konnten, landeten meistens in Altersheimen. Ich erinnere

16. Der VEB ermöglichte mir Rüstzeiten

mich an einen Rollifahrer, der mit einem 80-jährigen Rentner in einem Zimmer im Altersheim in Rostock-Evershagen leben musste. Hier wurden sie dann auch so „liebevoll" betreut, dass sie ihre Westpakete nur im Beisein des Personals öffnen durften ...

17. Als unser Bundespräsident mein Pastor war

Leider erging es manchen Behinderten im Westen Deutschlands nicht anders – auch sie landeten mangels Alternative im Altersheim. Aber das war nicht der Regel-, sondern eher der Ausnahmefall. Umso erschreckender ist es, dass eine solche Fehlplatzierung laut neuesten Studien selbst heute noch regelmäßig vorkommt, ohne dass das gemeinhin bekannt ist.

Nun hatten Sie also eine Beschäftigung gefunden, die ein Gegengewicht bildete zu der demotivierenden Un-Tätigkeit im VEB, eine sinnvolle Aufgabe, die sicher dazu beitrug, die erwähnte innere Leere zu füllen. Allerdings war dieser Einsatz aus Nächstenliebe neben Ihrem Beruf auch eine weitere Herausforderung, die einen gewissen „Output" von Ihnen forderte. Woher bekamen Sie eigentlich den „Input", die seelische Kraft für die Mühen und Mühlen des sozialistischen Alltags? Fanden Sie seelsorgerlichen Beistand in der Kirche?

Mit dem Bodenpersonal Gottes ist das ja so eine Sache. Der Pastor soll alles können, glaubhaft rüberkommen und jederzeit auf meine ganz persönlichen Interessen eingehen. Leider gehöre auch ich zu dem Menschenschlag, der seinen Gemeindehirten stets ganz genau

17. Als unser Bundespräsident mein Pastor war

im Blick hat. Ich bekenne mich auch dazu, in vielen geistlichen Fragen altmodisch und konservativ zu sein. Für mich sollte der Pastor in jedem Falle auch der geistliche Anführer seiner Gemeinde sein.

In der DDR mussten die Geistlichen nicht nur gut mit ihrer Gemeinde auskommen, sie hatten auch glaubhaft zu wirken und sollten trotzdem nicht allzu sehr bei den staatlichen Stellen anecken. Dabei wusste ein Pfarrer im Vorhinein nie, was in den Augen der Beamten eine politische Provokation war und über was sie großzügig hinwegblickten. Wenn er treu und brav in seiner Bibel las und sonntags unpolitisch predigte, dann hatte er im real existierenden Sozialismus nichts zu befürchten. Eine Gefahr erkannte der Staatsapparat in einem Pastor erst dann, wenn dieser seine engen Grenzen überschritt.

Ich habe in den 70er- und 80er-Jahren drei verschiedene Pastorentypen erlebt. In meinem Heimatstädtchen gab es zwei Pfarrstellen und beide waren mit jungen Leuten besetzt. Die eine Stelle hatte eine Pastorin inne, bei der ich Konfirmandenunterricht hatte. Was sie predigte, sprach uns an, und aus ihren Bibelabenden konnte man so manches mitnehmen, sie wurde jedoch nie politisch, nahm nie konkret Stellung zur aktuellen Tagespolitik in der DDR.

Die zweite Pfarrstelle war besetzt mit einem jungen Mann, der in der Gemeinde liebevoll „Der wilde Pastor" genannt wurde. Jung, schlank und mit Vollbart entsprach er dem Jesusbild, das die meisten von uns hatten. Er provozierte allerdings, wo er nur konnte. So baute er sich beispielsweise ein Liegefahrrad mit drei Rädern. Klar, dass er mit den Genossen der Volkspolizei bald Ärger bekam. Auch wenn – wie schon erläutert – die Reaktionen der Staatsdiener nicht ohne Weiteres vorhersehbar waren: In meiner Kleinstadt galt ein Pastor auf einem selbst gebauten Fahrrad als Provokation. Was für

17. Als unser Bundespräsident mein Pastor war

ein Vorteil für die Staatsbüttel, dass die DDR ein Staat war, in dem so gut wie alles genormt sein musste. Vielleicht hätte man es einem braven Schüler grade noch durchgehen lassen, wenn er auf einem selbst gebastelten Fahrrad durch die Gegend geradelt wäre, bei einem Pastor aber, der nicht aufhörte, die herrschenden Zustände zu kritisieren, kam ihnen dies gerade recht. Und so war es für die Herren Volkspolizisten ein gefundenes Fressen, wenn sie ihn irgendwo auf seinem für den öffentlichen Straßenverkehr nicht zugelassenen Gefährt aufgabelten und ihm regelmäßig Ordnungsstrafen aufbrummen konnten.

Und ich erinnere mich noch an eine andere Begebenheit: Anfang der 80er-Jahre wurde die Bevölkerung meiner Heimatstadt auf den atomaren Angriff der westlichen Imperialisten vorbereitet. Das bedeutete, dass an einem Samstagvormittag alle Schwaaner ihre Fensterscheiben mit weißem Kalk anpinseln mussten, weil das ja das Eindringen der Strahlen völlig unmöglich machte ... Danach lernten wir den Alarm bei einem atomaren Angriff kennen: minutenlanger, ohrenbetäubender Lärm. Für zwei Stunden durfte kein Einwohner auf die Straße. Was tat „Der wilde Pastor"? Er gab dem dringenden Bedürfnis nach, einen Stadtrundgang zu machen. Er wollte damit ein Zeichen setzen. Ich hätte es nicht getan, weil Aufwand und Nutzen für mich in keiner Relation standen. Heute sehe ich es gelassener und denke: Gut, dass auf des Herrgotts Wiese die vielfältigsten Blumen blühen.

Beide Pastorentypen lagen mir nicht so wirklich.

Dann aber kam das Jahr 1983 und mit ihm der Evangelische Kirchentag in Rostock unter dem Motto „Vertrauen wagen". Auf dieser Veranstaltung lernte ich Pastor Joachim Gauck kennen. Er war anders als seine Amtskollegen, die ich bisher erlebt hatte. Er

17. Als unser Bundespräsident mein Pastor war

provozierte nicht, war aber auch nicht unpolitisch. Er entwarf in Bibelarbeiten und Predigten ein Menschenbild, das aus persönlicher Verantwortung heraus für Freiheit zu sorgen hatte. Endlich hatte ich den Typ Pastor gefunden, den ich schon so lange gesucht hatte. Ab da fuhr ich sonntags häufig nach Rostock, um Gaucks Predigten zu hören. Dabei bekam ich den Eindruck, dass er die Wörter in seinen Predigten sehr bewusst wählte und setzte, weil er sich um ihre Wirkung Gedanken machte.

Wenn ich es mir recht überlege, sagt er in seinem Amt als Bundespräsident auch nichts anderes als damals. Gerade deshalb habe ich großen Respekt vor ihm. Er wirft nicht alle paar Jahre Überzeugungen über Bord und ersetzt sie durch neue. Er glaubt daran, dass jeder einzelne Bürger etwas bewirken und bewegen kann, und ermuntert seine Zuhörer stets, verantwortungsbewusst in ihrem jeweiligen Umfeld zu handeln.

Ich habe nie ein persönliches Gespräch mit ihm geführt, aber mir wurde bald bewusst, dass er eine in sich ruhende Persönlichkeit ist, die auf einem starken Fundament aufbaut. Und was mir vom Händeschütteln an der Kirchentür in Erinnerung geblieben ist – egal wie viele Leute im Gottesdienst waren, nie hatte die Begegnung etwas von Fließbandabfertigung. Der Mensch, dem Gauck die Hand drückte, stand für ihn in diesem einen Moment auch wirklich im Mittelpunkt. In Rostocker Kirchenkreisen galt damals die Devise: Wenn Sie oder Ihre Kinder Ärger mit der Stasi haben, gehen Sie zu Pastor Gauck, der hilft Ihnen weiter. Gauck war eine Instanz. Mit diesem Typ Pfarrer konnte ich mich gut anfreunden.

18. Eine weiße Seite in der Mecklenburgischen Kirchenzeitung

Das klingt gut – Sie haben sich im Raum der Kirche umgesehen und in Rostock ein Umfeld gefunden, in dem Ihr Glaube Nahrung bekam und mehr oder weniger unbehelligt gelebt werden durfte. Allerdings wertete Stiefvater Staat Ihr Engagement für die Sache Gottes sehr unterschiedlich: Während er Ihren Einsatz für behinderte Mitbürger auf den Roller-Latscher-Freizeiten unterstützte, warf er Ihnen bei Ihrer Arbeit für die Kirchenzeitung Knüppel zwischen die Beine. Wahrscheinlich weil es sich in den Augen der Verantwortlichen bei den Freizeiten in Serrahn eher um eine soziale Angelegenheit handelte, während sie sich von Ihren Artikeln in der Kirchenzeitung ideologisch herausgefordert fühlten.
Wie sind Sie mit diesem zweierlei Maß zurechtgekommen, wie ging es weiter mit Ihrer „Nebentätigkeit" als freier Journalist?

Viele Jahre gehörte ich zum Team der freien Mitarbeiter, fuhr durch Mecklenburg und berichtete über Veranstaltungen der Kirchengemeinden. Außerdem schrieb ich Predigtmeditationen und veröffentlichte in den 70er- und 80er-Jahren so manche Kurzgeschichte in diesem Kirchenblatt, immer unter den Argusaugen der Zensoren. Mal waren diese sozialistischen Pressehüter strenger, mal ge-

18. Eine weiße Seite in der Mecklenburgischen Kirchenzeitung

lang es mir, zwischen den Zeilen einen Hauch mehr Kritik zum Leser zu transportieren. Ausgeführt wurde die Gedankenaufsicht von Mitarbeitern beim Rat des Bezirkes in der Abteilung Inneres. Rein zufällig waren diese Leute häufig auch Stasimitarbeiter, mächtige Herren, die die zweifelhafte Gabe hatten, Zeitungslesern ein X für ein U vorzumachen.

Zum Beispiel wusste ich ja aus meinem volkseigenen Betrieb, wie groß die Alkoholprobleme unter den Arbeitern waren. Von kirchlicher Seite erfuhr ich schockierende Zahlen zu diesem Thema. Das wurde natürlich für mich zu einem Thema und ich schrieb eine Kurzgeschichte darüber. Die konnte aber nicht erscheinen, „... weil der Autor nicht die Realität im ersten sozialistischen Arbeiter- und Bauernstaat wiedergab."

Es konnte halt nicht sein, was nicht sein durfte ...

Ein anderes Beispiel: Anfang der 80er-Jahre entstanden mehr und mehr kirchliche Umweltgruppen. Es gab in der Schweriner Redaktion viele Diskussionen über die Frage, ob das Thema Umweltschutz in der MKZ aufgegriffen werden durfte. Das durfte es nicht, denn hätte die DDR so etwas zugelassen, dann hätte sie eingestanden, dass die Staatsführung sich nicht genug um diese Problematik kümmerte.

Auch hier wieder – es konnte einfach nicht sein, was nicht sein durfte ...

Der bereits erwähnte spätere mecklenburgische Landesbischof Hermann Beste war in jenen Jahren unser Chefredakteur. Ausgerechnet dieser von mir so geschätzte Kirchenmann musste mir immer die Hiobsbotschaften überbringen, wenn wieder einmal ein Text von mir verstümmelt worden war. Doch da es meist nur einzelne Worte waren, die eine Veröffentlichung unmöglich machten,

18. Eine weiße Seite in der Mecklenburgischen Kirchenzeitung

half es schon, diese kurzen Satzpassagen ein wenig umzuschreiben. Dementsprechend schaffte es auch meine Alkoholgeschichte einige Wochen später doch noch in die Zeitung – in abgespeckter Version. Als Autor war ich über solche Mutationen natürlich nicht immer glücklich und manche meiner Geschichten schauten mich infolgedessen aus der Zeitung wie gerupfte Hühner an ...

Manchmal gingen aber auch bestimmte Themen wochenlang überhaupt nicht. Vor besonders wichtigen Parteitagen der SED oder anderen gesellschaftlichen Großereignissen wurde ganz besonders darauf geachtet, dass die Zeitungen sauber und frei von jeglichen kritischen Untertönen waren. So fanden Anfang der 70er-Jahre in Berlin die „Weltfestspiele der Jugend und Studenten der Welt" statt. Für die Partei- und Staatsführung war es ein enormer Prestigegewinn, dass dieses internationale Jugendtreffen in der „Hauptstadt der DDR" stattfand, und man gab Riesensummen dafür aus. Trinker, die auf den Straßen herumlungerten, wurden im Vorlauf kurzerhand eingesammelt und in den Arrest gesteckt. Erst als die Weltfestspiele zu Ende waren, tauchten sie wieder im Straßenbild auf. Genauso propper und streng auf Linie präsentierten sich die Medien in diesen Tagen.

Einmal aber wurde es den Verantwortlichen der Zeitung dann doch zu viel und es ging eine Zeitung in Druck, in der eine Seite weiß blieb. Das Erstaunen der Leser draußen im Land war groß – war da ein technischer Fehler passiert? Nein, es war ganz anders und per Buschfunk erfuhr man, dass es sich um eine Form des stillen Protests handelte. Chefredakteur und Landesbischof hatten sich kurzerhand geeinigt, dass diese leere Seite als Zeichen des Protestes gegen die Pressezensur eingefügt werden sollte.

19. Auszug aus dem VEB

Also irgendwie hatte das was von Disney World, das System, das die sowjetische Besatzungsmacht nach dem Krieg da im Osten Deutschlands installierte. So ziemlich alles basierte auf Illusion. Man redete sich ein, den Neuen Menschen erschaffen zu können, der im Sinne der kommunistischen Ideologie selbstlos und nur zum Wohle der klassenlosen Gesellschaft sein Bestes geben würde. Der sich mit lächerlichen Belobigungen, Erwähnungen auf einer Wandzeitung und einem Standardlohn zufriedenzugeben hatte in einem Land, in dem man bereits für 20 Mark Monatsmiete wohnen konnte, und der irgendwann – zumindest nach seinem Heranreifen zum vollendeten Kommunisten – uneigennützig auf jede Art von Privatbesitz verzichten würde. Und eines Tages würden all diese wundervollen Gutmenschen das Paradies auf Erden zurückholen. Das rote Paradies allerdings.

Und wie anders sah die Realität aus? Mangel regierte das materielle Leben, Schnüffelei und Zensur das geistige und Rücksichtslosigkeit das Treiben der Mächtigen. Gab es denn nicht wenigstens ein paar feste Häuser aus Stein inmitten dieser Potemkinschen Dörfer aus ideologischem Pappmaschee, in die Sie hätten wechseln können? Vielleicht im Rahmen der Kirche?

Oh ja. Auf Dauer reichten mir die Roller-Latscher-Rüstzeiten einmal im Jahr nicht. Nach fünf oder sechs Jahren im VEB nahm die

19. Auszug aus dem VEB

Leere in mir immer mehr zu. So reifte in mir nach und nach die Entscheidung, die Stelle im VEB zu verlassen, mochte sie auch noch so sicher sein.

Nun hatte ich durch die Rüstzeiten Menschen im Diakonischen Werk Schwerin kennengelernt und erfuhr von der vielfältigen Arbeit, die in den kirchlichen Häusern geleistet wurde. Also fuhr ich eines Tages nach Schwerin zum Landespastor für Diakonie, Herrn Kayatz. Er empfing mich zunächst etwas zurückhaltend, denn er konnte ja nicht wissen, ob ich von der „Firma Horch und Guck" geschickt worden war. Mit diesem Ausdruck bezeichnete man im Volksmund die Staatssicherheit.

Oder war ich gar einer von den Ausreisewilligen, die sich durch ihr aus Sicht der Herrschenden unverständliches und ungebührliches Trachten um jede Chance brachten, einer geregelten Beschäftigung nachzugehen, und häufig nur noch in den diakonischen Einrichtungen eine Arbeit fanden, die sie einigermaßen ernährte? Die – wenn man sie auch nicht aus den volkseigenen Betrieben entfernte – doch zumindest schikaniert und gedemütigt und nur noch als Hoffeger eingesetzt wurden. Die in der Diakonie aber auch nicht unbedingt von jedem gerne gesehen wurden, weil man ja nie wusste, wie lange man mit ihnen rechnen konnte. Würden es drei Tage oder drei Jahre werden? Ich habe in den folgenden Jahren im Clara-Dieckhoff-Haus in Güstrow selbst miterlebt, wie der Hausvater morgens um acht Uhr einen Anruf bekam, in dem ihm mitgeteilt wurde, dass sein Mitarbeiter XY um 11.26 Uhr im Interzonenzug nach Hamburg zu sitzen habe. Ein Mensch, der jahrelang auf seine Ausreiseerlaubnis gewartet hatte und dann Hals über Kopf davonstürzte ...

Jedenfalls empfahl mir Pastor Kayatz nach einem etwa zweistündigen Gespräch:

19. Auszug aus dem VEB

„Gut, Herr Döring, dann fahren Sie erst mal nach Güstrow ins Clara-Dieckhoff-Haus und probieren aus, ob Ihnen die Arbeit liegt. Übrigens, Sie müssen ein wenig aufpassen, der Hausvater dort ist etwas sonderbar ..."

Mit gemischten Gefühlen fuhr ich bald darauf in die Grüne Straße nach Güstrow und klingelte an der Haustür. Frau Schaede, die freundliche Sekretärin, öffnete und ließ mich herein. Irgendwann kam ein Mann mit einer schief sitzenden Brille auf der Nase und fragte mich in einem etwas barschen Ton: „Wat woll'n Sie denn hier?"

Nachdem ich ihm erklärt hatte, wer ich war und dass ich meinen ersten Arbeitstag antreten wolle, brüllte er durch das Treppenhaus nach oben: „Karin, kommst du mal?"

Sogleich erschien eine deutlich freundlicher dreinschauende Krankenschwester.

Der sonderbare Mann erklärte weiter: „Dat is Herr Döng, der will sein Glück versuchen."

Die Schwester führte mich durchs Haus und wir betraten zunächst die untere Station. Was ich dort zu sehen bekam, nahm mir beinahe die Luft zum Atmen. Auf engstem Raum, in teilweise viel zu kleinen Betten, lagen 20 geistig schwerstbehinderte Kinder und Jugendliche, von denen manche auch noch körperbehindert waren.

Reflexartig schoss mir eine Frage durch den Kopf, die ich aber nicht auszusprechen wagte: *Oh Gott, warum lässt du so etwas zu?*

Meine nette Führerin stellte sich als Karin Sturz vor, leitende Schwester der Einrichtung und Ehefrau des Mannes im Treppenhaus.

Mir war zwar gleich klar geworden, warum ich in Schwerin vor dem Heimleiter Sturz gewarnt worden war, auf die Herausforde-

19. Auszug aus dem VEB

rungen aber, denen ich mich im Folgenden zu stellen hatte, war ich nicht unbedingt vorbereitet. Mein erster Arbeitstag sollte erst noch so richtig beginnen.

Frau Sturz wurde weggerufen und so stand ich etwas hilflos dreinblickend vor den zwei diensthabenden Schwestern herum. Mitleidig sahen sie mich an und die ältere fragte: „Ausreisekandidat?"

Als ich ihre Frage verneinte, ermutigte sie mich erst mal: „Am besten, du schaust dir erst mal in aller Ruhe unsere Patienten an. Nur keine Angst, beißen tut nur unser Joschie."

Zaghaft, als ob ich in einer Ausstellung herumlaufen würde, startete ich meinen Erkundungsgang.

Bei dem Anblick von so manchem Behinderten dachte ich mir: *Mein Gott, sieht der eklig aus!*

Alle 20 dieser sogenannten Lieger wurden täglich sechsmal gewindelt und viermal gefüttert. Gewindelt wurde mit Baumwollwindeln – etwas anderes gab es nicht –, doch manchmal wurden auch diese sehr einfachen „Modelle" knapp. Vor allem dann, wenn die uralte Waschanlage im Keller mal wieder kaputt war und der Hausvater sie nicht so schnell repariert bekam.

Gebadet wurde nur alle drei Tage. Das bedeutete für uns Pfleger körperlich schwere Arbeit, die ohne technische Hilfsmittel durchgeführt werden musste.

Nie hätte ich mir zum damaligen Zeitpunkt vorstellen können, dass ich mich auf dieser Station schon bald unglaublich wohlfühlen würde. Die Kolleginnen waren nett und mit einigen Bewohnern freundete ich mich später sogar an. Was mich jedoch am Ende des ersten Tages am meisten verunsicherte, war die Frage des Hausvaters: „Na Herr Döng, noch hier? Ham se denn ooch schon mal kräftig in 'ne Scheiße jefasst?"

19. Auszug aus dem VEB

An diesem Abend wagte ich es noch nicht, mit einer frechen Gegenfrage zu kontern, aber schon bald wurden Eckhard Sturz und ich Freunde. Diese Freundschaft hatte auch noch Bestand, als ich schon lange nicht mehr im Clara-Dieckhoff-Haus arbeitete.

In der Diakonie der DDR wurde sehr hart gearbeitet und sehr wenig Geld verdient. Überstunden waren normal, die machte jeder. Manchmal habe ich bis zu 20 Tage durchgearbeitet, weil niemand meinen Dienst übernehmen konnte, doch meinen Weggang von dem VEB habe ich nie bereut.

20. Die ABI kriegt einen Haken

Respekt – Sie haben's tatsächlich getan: Sie sind aus der Hängematte einer langweiligen, aber beruhigenden Vollversorgung im VEB auf eine Stelle gewechselt, die Ihnen anfangs große Überwindung abverlangte und einen ungleich höheren Einsatz, bei der aber auch die Sinnerfüllung ungleich größer war.
Sicher war die innere Leere bald kein Thema mehr für Sie, doch wie muss man sich die Arbeit in einem Behindertenheim der DDR konkret vorstellen?

Als ich nach Güstrow ins Clara-Dieckhoff-Haus in der Grünen Straße zog, bekam ich dort meine erste eigene kleine Wohnung. Die Beziehungen meines Chefs Eckhard Sturz hatten es möglich gemacht. Dieser Mann ist für mich eine der herausragenden Persönlichkeiten der Diakonie in der DDR. Hauptberuflich leitete er als Hausvater das Clara-Dieckhoff-Haus, doch ein reiner Büromensch war er nie. Tapfer kroch er zum Beispiel regelmäßig in die bereits erwähnte übermannsgroße, museumsreife Waschmaschine, die für die Arbeit mit 40 zum Teil bettlägerigen Behinderten so wichtig war und doch ständig kaputt ging. Auch ohne Ersatzteile brachte er das Ungetüm immer wieder in Schuss, manchmal kam er zwar erst nach Stunden wieder heraus, die Maschine aber lief wieder für weitere 14 Tage.

Verbrachte er einen Samstag mal nicht in diesem Waschvehikel,

20. Die ABI kriegt einen Haken

verließ er frühmorgens das Haus und kam erst abends zurück. Als ich einmal fragte, was er denn den ganzen Tag getrieben habe, gab er mir eine ungewöhnliche Antwort: „Ich habe Schwäne beim Abflug fotografiert."

Ziemlich verdattert bohrte ich nach: „Und da warten Sie so lange? Also ich hätte einfach einen Stein ins Wasser geworfen und die Viecher wären losgeflogen."

Nachsichtig weihte er mich nun in seine Sichtweise ein: „Aber viel schöner sind doch die Bewegungen der Schwäne, wenn sie sich freiwillig, langsam und anmutig in die Lüfte erheben."

Der Mann lag also stundenlang in einem Ruderboot, beobachtete Schwäne und wartete auf den richtigen Moment.

Er fotografierte aber auch behinderte Menschen und machte damit auf ihr trauriges Schicksal aufmerksam. Das war in der DDR bitter nötig, denn während meiner gesamten Schulzeit habe ich nicht ein einziges Mal davon gehört, dass es geistig oder körperlich behinderte Menschen bei uns überhaupt gab.

Eckhard Sturz hat zahlreiche Bildbände veröffentlicht, die in Onlineantiquariaten auch heute noch zu finden sind. Leider ist er mittlerweile so gut wie vergessen. Ein Los, das er mit dem wichtigsten christlichen Schriftsteller der DDR teilt, mit Alfred Otto Schwede. Dieser wurde von der Kirche für seine schriftstellerische Tätigkeit freigestellt und bezahlt. Ein Glück, das Sturz nicht hatte. Und nur mit den mickrigen Einnahmen eines freien Autors in der DDR hätte er seine Familie niemals ernähren können.

Doch zurück zu meiner ersten eigenen Wohnung. Die bestand zwar nur aus einem großen Wohnzimmer, in das es hineinregnete, und einer Art Puppenküche, doch zum ersten Mal in meinem Leben hatte ich ein Miniaturreich für mich ganz allein, wo ich mich pudel-

20. Die ABI kriegt einen Haken

wohl fühlte. Wenn ich morgens aus der Nachtschicht kam, holte ich mir beim Bäcker zwei warme Brötchen, genoss meinen heißen Kaffee und schlüpfte dann schnell ins Bett.

Ein Tag allerdings bildete eine Ausnahme ...

Ich hatte gerade richtig herzhaft in ein Brötchen gebissen, da zuckte ein stechender Schmerz durch meinen Rachen. Zu Tode erschrocken spuckte ich die ganze dunkelrot gefärbte Bescherung auf den Tisch und sprang an die Spüle, wo ich behutsam kaltes Wasser Schluck für Schluck durch meinen Mund rinnen ließ, um die Blutung zu stillen. Diese schmerzhafte Prozedur nahm einige Zeit in Anspruch und ich war am Ende so fertig, dass ich nur noch auf mein Bett plumpste, sofort einschlief und erst am frühen Abend wieder aufwachte. Eher widerwillig machte ich mich daran, den Tisch zu reinigen. Dabei fand ich mitten in den Brötchenresten das Corpus Delicti – einen Haken aus Metall, etwa einen Zentimeter lang. Das war also der Übeltäter, der sich so hinterhältig in dem Brötchen versteckt hatte!

Als ich wenige Stunden später im Clara-Dieckhoff-Haus zur Nachtwache erschien und meinem Chef beim allabendlichen Plausch davon erzählte, antwortete er prompt: „Da machen se ma ne fette Beschwerde für die ABI fertig. Wir sind kurz vor einer Volkskammerwahl, da bekomm se garantiert was als Wiedergutmachung!"

Mit ABI meinte er die „Arbeiter- und Bauern-Inspektion", die schon Walter Ulbricht als allgemeines Kontrollorgan installiert hatte, an das sich DDR-Bürger mit Beschwerden aller Art wenden konnten. Im Normalfall gab es natürlich null Reaktion, nur kurz vor den Volkskammerwahlen verbesserten sich die Chancen, eine Antwort zu bekommen, enorm.

20. Die ABI kriegt einen Haken

Nach anfänglichem Zögern fasste ich mir tatsächlich ein Herz und wandte mich an die Behörde. Ich schilderte, wo und wann ich meine Brötchen gekauft hatte und was mir widerfahren war. Den Haken schickte ich gleich mit. Und was soll ich sagen? Es dauerte keine Woche und ich fand eine offizielle schriftliche Entschuldigung der „HO Backwaren" in meinem Briefkasten und dazu einen Gutschein in Höhe von 50 DDR-Mark. Nicht gerade wenig in Zeiten, in denen ein Schwarzbrot ungefähr 52 Pfennige kostete. Nun würde ich gerne ein Hoch auf die ABI und die entsprechende Handelsorganisation (HO) ausbringen – wäre mir diese Geschichte aber nur eine Woche nach der Volkskammerwahl passiert, hätte sich kein Mensch darum gekümmert. Die eigentliche Funktion der ABI bestand im Grunde genommen darin, eventuell verärgerte Nichtwähler oder Kritiker bei Laune zu halten.

Der fast schon unheimliche Einfluss der ABI reichte sogar so weit, dass der eine oder andere entnervte Bürger, der sich über die exorbitant langen Wartezeiten beim Kauf eines Trabis beschwert hatte, schon eine Woche später seinen heiß ersehnten Flitzer vor die Tür gestellt bekam. So war die DDR stets unberechenbar und voller Geheimnisse – bis zum Schluss.

Ich habe später von einem Freund erfahren, wie der gefährliche Metallhaken in das Brötchen geraten konnte. Er war vom Fach und erklärte mir, dass die frisch geformten Teigwaren auf einem Förderband dem Backofen entgegenfuhren. Häufig waren diese Förderbänder jedoch veraltet und reparaturbedürftig und so manches altersschwache Metallteil brach ab und geriet in den Teig. Und da es – wie überall in der DDR – nicht am Willen fehlte, etwas ordnungsgemäß zu reparieren, sondern am Material, machte man einfach

20. Die ABI kriegt einen Haken

weiter, denn schließlich wollte die Bevölkerung täglich beliefert werden ...

21. Vierzig Mann und sieben Waschlappen

so/zi/al (die Gemeinschaft betreffend, gesellschaftlich; gemeinnützig, wohltätig)

Wenn der Duden mit dieser Definition recht hat – welche Wohltaten sollte man dann erst von einer „sozialistischen" Regierung erwarten?! Wie wir bereits aus Ihren Erfahrungen mit den Latscher-Roller-Freizeiten wissen, war von staatlicher Seite kaum Hilfe zu erwarten, im Gegenteil; wie Sie auch schon andeuteten, hätte man die Existenz von Behinderten am liebsten totgeschwiegen. Bei den Herren Ulbricht, Honecker, Stoph oder Mielke muss irgendetwas gründlich durcheinandergeraten sein in der Wahrnehmung ihrer eigenen marxistischen Ideologie.
Wie konnte die Arbeit der Diakonie überhaupt funktionieren, wenn der Staat ihr zwar die Daumen drückte, sie aber kaum unterstützte in ihrem Dienst?

Nun, sie funktionierte, allerdings zahlten Betreuer und Betreute oft einen hohen Preis dafür. Am besten lassen sich die Missstände an den Bedingungen verdeutlichen, unter denen im Katharinenstift gearbeitet wurde, der zweiten Station meiner diakonischen Lauf-

21. Vierzig Mann und sieben Waschlappen

bahn. 1985 war ich vom Clara-Dieckhoff-Haus in Güstrow über ein vierwöchiges Praktikum in den Neinstedter Anstalten – zwischen Thale und Quedlinburg gelegen – ins Katharinenstift in der Reuterstadt Stavenhagen gewechselt, weil ich auch noch andere Seiten der Diakonie kennenlernen wollte. Diese diakonische Einrichtung war das Zuhause für etwa vierzig geistig behinderte, körperlich aber durchaus mobile Jugendliche.

Wenn ich die Umstände ihrer Unterbringung unmenschlich nenne, dann ist das durchaus nicht übertrieben. Wie anders soll man es nennen, wenn 40 junge Leute sich zwei Badewannen und sieben Waschlappen teilen müssen? Einmal in der Woche wurde gebadet. Das warme Badewasser kam aus einem Ofen, den wir ständig mit Holz und Kohlen fütterten. Dennoch mussten die letzten Jugendlichen häufig in kaltes Wasser steigen. Gewechselt wurde diese „Brühe" erst nach jedem dritten oder gar vierten Badegast. Der Grad der Behinderung bei den Jugendlichen variierte stark. Den einen konnte man morgens auf einen Stuhl setzen und er rührte sich den ganzen Tag nicht, der andere griff die Erzieher an und wurde mit Ohrfeigen und ähnlichen Gewaltanwendungen in Schach gehalten.

Für unmenschliche Zustände sorgte auch der permanente Mitarbeitermangel. Oft kam es vor, dass ich für die Gruppe tagelang allein verantwortlich war. Ich holte die Jugendlichen morgens um 6 Uhr aus den Betten, spülte die eingekotete Bettwäsche aus und sorgte dafür, dass sie abends wieder trocken aufgezogen werden konnte. Dann warf ich – immer im Akkord – die gespendeten elektrischen Rasierapparate aus dem Westen an und betätigte mich als Barbier. Schließlich schaffte ich es hin und wieder, den Jugendlichen auch noch etwas kaltes Wasser ins Gesicht zu spritzen, da-

21. Vierzig Mann und sieben Waschlappen

mit sie aufwachten. Nun ging es in den großen Saal an den bereits gedeckten Frühstückstisch. Der Hausvater, ein Züssower Diakon, hielt eine Andacht, von der 98 Prozent der Anwesenden kein Wort verstand. Nach dem Frühstück ging ich mit der gesamten Gruppe spazieren – manchmal allein, was zwar verboten war, wovon ich mich aber nicht abhalten ließ, weil die Jugendlichen sonst tagelang keine frische Luft bekommen hätten.

Weil aufgrund dieser hohen Arbeitsbelastung an eine Freistellung für meine Roller-Latscher-Rüstzeiten nicht mehr zu denken war, hatte ich nun ein ganz spezielles Problem: Wie sollte aus der flüchtigen Bekanntschaft zwischen mir und der jungen Krankenschwester aus Ludwigslust, die ich bei der letzten Rüstzeit kennengelernt hatte, mehr werden? Sie würde wohl bei der nächsten Freizeit vergeblich nach mir Ausschau halten. Facebook und E-Mails waren noch nicht erfunden und ich hatte kein Telefon. Mit dem Mut der Verzweiflung griff ich zu einem alten Hausmittel: Kugelschreiber und Briefpapier. Und das verfehlte nicht seine Wirkung – immer öfter besuchte mich Roswitha in Stavenhagen. Als ich ihr das erste Mal das Katharinenstift zeigte, schüttelte sie nur ihren Kopf und fragte: „Wo bist du hier nur hineingeraten?"

Noch bevor ich diese Arbeit angetreten hatte, waren Mitarbeiter des Katharinenstifts an höchster Stelle bei der Diakonie vorstellig geworden und hatten sich über die dortigen Zustände beschwert. Als Antwort erhielten sie eine Abmahnung vom Hausvater. Dennoch hielten sie nicht still und machten eine Eingabe beim Gesundheitsminister der DDR, Prof. Dr. Ludwig Mecklinger. Der allerdings leitete diesen Brief weiter – ausgerechnet an den Hausvater. Kurz darauf kündigten die Beschwerdeführer. Auch dies ist ein Zeichen dafür, dass die Offiziellen ganz einfach ein Problem mit Menschen

21. Vierzig Mann und sieben Waschlappen

hatten, die behindert waren, lieber ihre Augen schlossen und die Diakonie machen ließen.

In den 60er-Jahren hatte die Stadtverwaltung der Reuterstadt versucht, das Katharinenstift aus dem Stadtbild zu löschen. Man bot dem Hausvater Hans Gerstenberger ein Haus außerhalb des Stadtgebietes an, doch dieser lehnte ab. Schließlich hatten der Züssower Diakon und seine Frau Renate jahrzehntelang jenes Haus in der Ivenacker Straße geleitet und auch ihre drei Kinder waren zum Teil dort aufgewachsen. Hans Gerstenbergers Lebensleistung war es, dieses Haus am Leben gehalten zu haben, auch wenn mir seine pädagogischen Methoden nicht immer gefielen. Die Bedingungen, unter denen so ein Haus im Sozialismus überleben musste, waren nicht einfach.

Einmal bekam Hans Gerstenberger für drei der behinderten Männer einen Musterungsbescheid vom Wehrkreiskommando Malchin. Das waren gefürchtete Termine, zu denen man unbedingt zu erscheinen hatte, wenn nötig auch unter Mithilfe der Polizei. Die Kommissköppe ließen keinerlei Ausreden gelten, nicht mal den eindringlichen telefonischen Hinweis Gerstenbergers, dass es sich bei den betreffenden jungen Männern um geistig Behinderte handele. Also setzte der Hausvater die drei Behinderten in seinen Barkas, einen Kleinbus mit dem Aussehen eines bläulichen Kastenbrotes, und ab ging die Fahrt nach Malchin. Kaum waren die vier ins Wehrkreiskommando hineinmarschiert, entschuldigten sich die Uniformierten und der Diakon konnte seine Schützlinge gleich wieder mitnehmen nach Stavenhagen ...

Viele Jahre nach der Wende habe ich das Katharinenstift in der Ivenacker Straße wieder besucht. Es ist heute völlig umgebaut, den nach Holz gierenden Badeofen und die Schlafsäle der Behinderten gibt es nicht mehr.

22. Bevölkerungsintensivhaltung

Während man also die Masse der Werktätigen demotivierte, die in den VEBs nach dem Prinzip Schlendrian & Mangel vor sich hin wurstelte, ließ man die Wenigen, die aus Idealismus oder echter Glaubensüberzeugung heraus bereit waren, schwere, unpopuläre Arbeiten zu übernehmen, am ausgetreckten Arm verhungern. Kein Wunder, dass irgendwann die Frustrationsgrenze der Leute überschritten war und es zur politischen Wende von '89 kam. Parallel zum innenpolitischen Tauwetter in der UdSSR begannen sich auch in den Satellitenstaaten der Sowjetunion die Bürger zu emanzipieren.
Wie aber sah dieses Erwachen eines „Bürgerbewusstseins" konkret aus? Einen kapitalistischen Che Guevarra gab es ja nicht, der die Konterrevolution auf die Barrikaden geführt hätte. Wer hat Ihren Widerstand inspiriert, ermutigt, koordiniert?

Ab Mitte der 80er-Jahre, während meiner Zeit in Stavenhagen, konnte jeder feststellen, dass etwas in der Luft lag, auch wenn niemand die bevorstehende Wende des November 1989 voraussahnen konnte. Die Menschen, die sich im real existierenden Sozialismus eingezwängt und bevormundet fühlten, wagten mehr und mehr. Befeuert wurde dieser Wagemut natürlich von den Veränderungen, die auch die „befreundete" Sowjetunion erschütterten. Gorbat-

22. „Bevölkerungsintensivhaltung"

schow machte sich gerade daran, das für seinen kommunistischen Unterdrückerstaat revolutionäre Prinzip von „Glasnost" einzuführen, was so viel heißt wie „Offenheit", „Redefreiheit" oder „Transparenz".

Das hatte zur Folge, dass Menschen, die sich vorher nie getraut hatten, etwas gegen Honecker, gegen die Zensur oder über die katastrophale Wirtschaftslage zu sagen, nun langsam aus der Deckung kamen. Die, die auch vorher schon versucht hatten, Verbesserungen durchzusetzen, begannen sich zu organisieren. Es war eine spannende und gefährliche Zeit zugleich. Niemand wusste, was geschehen würde, wenn der Wind der Veränderung auf Erichs Altersstarrsinn prallen würde. An vielen Orten der DDR fanden sich Menschen zu Gruppen zusammen, die ihre Forderungen genau formulierten. Oft trafen sie sich in Kirchen, so auch in der Johanniskirche in Neubrandenburg. Diese Gemeinde wurde für mich zur neuen geistlichen Heimat.

Ich erinnere mich zum Beispiel an den Abend, an dem Lutz Rathenow uns besuchte und sein neues Buch „Ostberlin, die andere Seite einer Stadt in Texten und Bildern" vorstellte. Dieses Buch durfte in der DDR nicht erscheinen, weil Rathenow hart ins Gericht ging mit dem städtebaulichen Irrsinn, den sich die Verantwortlichen im Wohnungsbau leisteten. Er thematisierte und illustrierte die verhängnisvolle Politik jener Parteitechnokraten, die seelenlose Trabantensiedlungen um gewachsene Städte hochziehen ließen, während die schönen alten Häuser im Zentrum reihenweise verfielen. Bereits zu Beginn der 60er-Jahre waren die ersten Plattenbauten auf die grüne Wiese gesetzt worden, doch in den 80ern hatte diese Entwicklung derartig Fahrt aufgenommen, dass immer größere Betonbauringe die Städte regelrecht erwürgten. Es war also

22. „Bevölkerungsintensivhaltung"

höchste Zeit, etwas zu unternehmen. Natürlich war für ein solches Buchprojekt ein Publikationsverbot so sicher wie das Amen in der Kirche. Diese Missstände gehörten aber nach Meinung Rathenows unbedingt ans Licht der Öffentlichkeit. Deshalb schmuggelten er und sein Fotograf, Harald Hauswald, die Texte samt Bildern in den Westen und ließen eine relativ kleine Auflage drucken, von der sie einige Exemplare auch in die DDR geliefert bekamen – über dunkle Kanäle natürlich. Gerade weil die Oberen den Titel aber verboten hatten, war er bald in aller Munde und wurde so populär, dass einige regimekritische Geister ihn Wort für Wort abschrieben. Rasch bescherte er seinem Autor einen großen Bekanntheitsgrad. Rathenow hat mich damals sehr beeindruckt. Obwohl er wusste, dass er von der Staatssicherheit beobachtet wurde und im Publikum inoffizielle Mitarbeiter („IM") der Stasi saßen, formulierte er seine Kritik an der Politik der DDR sehr deutlich. Da war endlich mal einer, der bissig, angriffslustig und messerscharf das ausformulierte, was der Mann auf der Straße dachte und nicht auszusprechen wagte! Und während er über die Berliner Satellitenstädte sprach, hatten wir den Datzeberg in Neubrandenburg, Lütten-Klein in Rostock oder den Großen Dreesch in Schwerin vor Augen. Ja, sein Wort von der „Bevölkerungsintensivhaltung" traf den Nagel auf den Kopf und gehört seit jener Zeit zu meinem Sprachschatz.

Irgendwann hörten wir etwas von einer Umweltbibliothek. Ein heikles Projekt, denn wer damals das Offensichtliche in Worte fasste und davon sprach, dass zum Beispiel der Thüringer Wald starb und die Tannen und Fichten ohne Nadeln dastanden, dem wurde von den Staatsorganen eine „offensiv feindliche Einstellung" unterstellt. Dass es Leute in der DDR gab, die ehrlichen Herzens und teils aus christlichem Verantwortungsgefühl heraus begannen, sich

22. „Bevölkerungsintensivhaltung"

für ihre Umwelt einzusetzen, das konnten die Apparatschiks nicht nachvollziehen.

Ob Autorenlesungen oder Umweltbibliotheken – viele Aktivitäten dieser Art fanden unter dem Dach der Kirchen statt. Dort fanden die Menschen noch am ehesten den Mut, offen über ihre Probleme zu reden.

Und irgendwann teilte sich die Menge der kritischen Bürger in zwei Lager: Da waren die einen, die einfach nur noch raus wollten und über Ungarn oder die Prager Botschaft die Flucht gen Westen anpeilten. Und da waren die, die versuchten Spielräume zu nutzen, um innerhalb der DDR, die immerhin ihre größtenteils wunderschöne Heimat war, eine Art Demokratisierung voranzubringen.

Mein Weg hatte mich in die CDU geführt. Nicht zuletzt, weil ich mich nie wieder freiwillig der Versuchung aussetzen wollte, eines Tages doch noch in die SED einzutreten. Jetzt war ich in der CDU, wurde vom Bezirkschef Mäder persönlich begrüßt und landete ohne zu wissen, wie mir geschah, im Bezirksvorstand der CDU Neubrandenburg. Die Gefahr, Genosse werden zu müssen, war zwar gebannt, doch schnell erkannte ich, dass ich als Unionsfreund auch nicht mehr Möglichkeiten hatte, mich politisch zu betätigen. Laut und deutlich fragte ich einmal auf einer Sitzung im Bezirksvorstand nach, woran Außenstehende an unserem Handeln wohl erkennen könnten, was das „C" in unserem Parteinamen eigentlich bedeutet. Schweigen bekam ich zur Antwort.

Immerhin entdeckte ich die Tageszeitung „Der Demokrat" für mich, das Parteiorgan der CDU, das in den damaligen drei Nordbezirken der DDR erschien. Mit dem Chefredakteur, der ebenfalls sehr zu leiden hatte unter dem Unrechtsstaat, verband mich bald eine tiefe Freundschaft. Wir verabredeten, dass ich als freier Journalist

22. „Bevölkerungsintensivhaltung"

kirchliche Themen in die Tageszeitung bringen sollte. Und irgendwann mussten sich die Demokrat-Leser nicht mehr durch langweilige Berichte über erfüllte und übererfüllte Pläne der volkseigenen Betriebe quälen, sondern erfuhren auch etwas über Gemeindefeste, Orgelkonzerte oder die Arbeit in diakonischen Einrichtungen. Es ließ sich nicht verheimlichen, dass ein Autor der Zeitung im Katharinenstift arbeitete, und es wurde eine wunderbare Erfahrung für mich, als Leser zum Beispiel nachfragten, ob sie unserer Einrichtung in Stavenhagen zu Weihnachten etwas Gutes tun könnten. So erfanden Leser und Autor die Aktion „Pakete für Stavenhagen". Unser Ziel war es, dass am Heiligen Abend jeder behinderte Mann ein Weihnachtspäckchen an seinem Platz stehen hatte. Die Aktion war so erfolgreich, dass sie mehrere Jahre lang lief und viele Behinderte sogar zwei Pakete bekamen.

23. Stasileute in meinem Wohnzimmer

Bücher, die den Menschen so wichtig werden, dass sie sie mit der Hand abschreiben – wenn diese Geschichte keinen derartig skandalös-traurigen Hintergrund hätte, könnte man sie glatt für den Wunschtraum eines jeden Literaten halten. Doch der Widerstand gegen das SED-Regime erschöpfte sich ja nicht in der rein geistigen Auseinandersetzung mit den herrschenden Verhältnissen. Irgendwann verlegte sich das Geschehen auf die Straße und handfeste Demonstrationen begannen. Dabei bestand jederzeit die Gefahr, dass das Regime sich für die „Chinesische Lösung" entschied, nämlich die blutige Niederschlagung der Proteste, so wie sie die kommunistische Führung Chinas kurz zuvor durchgeführt hatte. Wie haben Sie die Zuspitzung der Situation erlebt? Waren Sie selbst betroffen?

Vom Katharinenstift bis zu meiner Wohnung in der Thälmannstraße waren es knapp fünf Minuten Fußweg. Wenn ich mal wieder zehn oder noch mehr Tage durchgearbeitet hatte, freute ich mich jeden Abend nur noch auf mein Bett. Einige Male geschah es jedoch, dass ich die Haustür meines Wohnhauses auf- und wieder zuschloss, in meine Wohnung hinaufstieg, ein Sicherheitsschloss öffnete, in meine Küche ging und meine Tasche abstellte, dann in mein Wohnzimmer wechselte – und zwei Herren gegenüberstand.

23. Stasileute in meinem Wohnzimmer

Ich war nie so kaltschnäuzig, sie zu fragen, wie sie es geschafft hatten, in meine Wohnung zu kommen. Als DDR-Bürger war man einfach so erzogen, vieles nicht zu hinterfragen. Viel spannender ist für mich ohnehin bis heute die Frage, woher die Herrschaften meinen sich ständig ändernden Dienstplan kannten ...

Wieder und wieder wollten sich diese Mitarbeiter der Stasi mit mir unterhalten. Wieder und wieder wollten sie von mir wissen, welche Aktionen als Nächstes in der Johanniskirche in Neubrandenburg geplant seien. Wieder und wieder nannten sie mir Namen von Personen, über die sie mehr erfahren wollten. Wieder und wieder erzählten sie mir, dass ich ein undankbarer Lümmel sei, der nur die Vorzüge seiner sozialistischen Heimat genossen habe und dadurch eigentlich verpflichtet sei, zur NVA zu gehen, und der sich dennoch weigere.

Eines Tages aber reichte dieses Lamento nicht mehr aus – man nahm mich mit und ließ mich erst nach drei Tagen wieder gehen. Als man mich am Stadtrand von Stavenhagen absetzte, hatte ich eine äußerst anstrengende und verstörende Zeit hinter mir.

Offiziell war der Grund für meine Festnahme mein Entschluss, den Dienst in der Nationalen Volksarmee (NVA) radikal zu verweigern. Doch mit der Zeit dämmerte mir der wahre Grund ihres Interesses: Man wollte von mir in erster Linie detaillierte Informationen über das verdächtige Treiben in der Johanniskirche in Neubrandenburg. Zu meinem Leidwesen kannte ich tatsächlich einen Mann, der als Vikar in der Johanniskirche wirkte. Er hatte bei einer Rüstzeit der Roller und Latscher in Serrahn teilgenommen und war mit meinem Schwaaner Pastor befreundet, ansonsten hatten wir uns irgendwann einmal während einer langen Zugfahrt ganz angeregt unterhalten.

23. Stasileute in meinem Wohnzimmer

Zum Glück wusste ich damals absolut nichts über geplante Veranstaltungen in der Johanniskirche. Das hinderte allerdings die Stasileute nicht daran, ihre entnervenden Frage-und-Antwort-Runden bis zum Exzess zu wiederholen – drei Tage und Nächte lang. Immer wenn ich gerade eingenickt war, holte man mich zu einem weiteren „Gespräch". Als ich schließlich von einem Mann in einem weißen Kittel eine Spritze bekam, einnickte und irgendwann aus einer Art Dämmerzustand erwachte, begann für mich eine sehr unruhige Zeit. Ich wusste nicht, was ich gespritzt bekommen hatte, wie lange ich geschlafen hatte und ob ich während dieser Zeit etwas erzählt hatte, was irgendjemandem schaden könnte, vor allem dem besagten Vikar.

Als dann die Wende kam, hatte ich bei jeder neuen Enttarnung eines IMs große Angst, selbst als Informant enttarnt zu werden. Schließlich gab es auch Leute, die ohne ihr Wissen als Inoffizielle Mitarbeiter der Stasi geführt wurden. Wochen und Monate habe ich mit mir gerungen, bis ich den Geistlichen aus Neubrandenburg zu mir einlud. Zitternd öffnete ich meine Wohnungstür und überfiel ihn gleich mit der alles entscheidenden Frage: „Hast du deine Akte gelesen und komme ich darin vor?"

Zum Glück kannte er inzwischen seine Unterlagen und hatte meinen Namen nirgends entdeckt. Ich war selig. Bis heute beschleicht mich allerdings des Öfteren ein gewisses Unbehagen im Umgang mit Ärzten ... immerhin haben sich diese Drei-Tage-Ausflüge sechs oder sieben Mal wiederholt. Wäre ich zu der Zeit nicht Junggeselle gewesen, sondern bereits Ehemann oder gar Vater – ich glaube, ich wäre irgendwann doch zur NVA gegangen, allein schon, um der Stasi keinen Vorwand mehr zu liefern, mich in die Mangel zu nehmen. Meine Frau, die damals noch meine Freundin war, be-

23. Stasileute in meinem Wohnzimmer

suchte mich gerade in dieser Zeit so oft sie konnte, und dafür bin ich ihr heute noch dankbar, aber während der Drei-Tage-Aktionen stand ich ganz allein da. Manchmal habe ich dann meinen Gott wortlos angeschrien, aber außer Ruhe und Gelassenheit konnte er mir in diesen Stunden nichts geben. Vielleicht war es aber auch genau diese Gelassenheit, die ich brauchte, um diese Situation gut zu überstehen.

Was haben diese willkürlichen Befragungen und Inhaftierungen mit Ihnen gemacht? Wie haben Sie es verkraftet, dem Staat so hilflos ausgeliefert zu sein?

Tja, was macht das alles mit einem? Natürlich war ich damals ziemlich fertig. Zwar hatte ich zwei wirklich gute Freunde, doch die wohnten weit weg und konnten mich nicht allzu oft besuchen. Briefe schreiben war unmöglich, weil die Stasi alles mitlas. Oder mithörte, doch über ein Telefon verfügte ohnehin keiner von uns. Ja, die Anteilnahme der Stasi am Ergehen der Bürger übertraf einfach alles. Dementsprechend ungemütlich liefen die Besuche meiner Freunde ab, wenn sie es denn mal bis nach Stavenhagen schafften. In der Wohnung plauderten wir nur über belangloses Zeug, die wichtigen Gespräche führten wir auf langen Spaziergängen. Allerdings habe ich bis heute keine gesicherten Informationen darüber, ob meine Wohnung wirklich verwanzt war.

Eine Zeit lang versuchte ich, diese Erfahrungen allein zu verarbeiten. Als es nicht mehr ging, erzählte ich meinen kirchlichen Dienstherren davon, doch die Reaktionen fielen – wahrscheinlich der für uns alle äußerst angespannten Situation geschuldet – sehr unterschiedlich aus. Als ich beispielsweise meinem Stavenhagener

23. Stasileute in meinem Wohnzimmer

Pastor von Selbstmordgedanken erzählte und ihm mitteilte, wenn ich wirklich mal spurlos verschwunden sei, solle er mich im Pribbenower Wald suchen, antwortete er lediglich: „Na dann geh doch in den Wald!"

Andererseits lernte ich aber auch andere Pastoren und einen Gemeindediakon kennen, die ich während dieser schlimmen Zeit jederzeit ansprechen konnte.

Einmal besuchte ich einen Pastor, der in der mecklenburgischen Landeskirche dafür bekannt war, dass er Totalverweigerer sehr gut beriet. Wir unterhielten uns eigentlich ganz nett, doch als ich zurück ins Katharinenstift kam, rief mich der Hausvater in sein Büro.

„Hallo, Herr Döring, stellen Sie sich mal vor, eben hat der Pastor angerufen und mich über Sie ausgefragt. Er wollte sichergehen, dass Sie nicht von der Stasi sind."

Damals war ich ziemlich enttäuscht, heute kann ich die Reaktion ein wenig verstehen. Es war eine Zeit des Misstrauens und der Missverständnisse.

Das Katharinenstift war eine Filiale der großen Rostocker Pflege- und Fördereinrichtung „Michaelshof". Der Chef, Pastor Udo Struck, war mir damals eine große Hilfe, indem er mich in Kontakt brachte zu den Anwälten Vogel (Berlin) und Vormelker (Rostock). Diese beiden Juristen an meiner Seite zu wissen, verlieh mir eine gewisse innere Stärke. Im Rostocker Büro von Dr. Vormelker traf ich mich mit ihm und Herrn Dr. Vogel. Wir verabredeten, dass Herr Vormelker sich um mich kümmerte, solange es bei Verhören blieb. Wäre es zu meiner Inhaftierung gekommen, hätte sich Herr Vogel meiner Sache angenommen.

Mein Glück war damals, dass ich als Mitarbeiter der Diakonie wenigstens im Dienst keine Schikanen befürchten musste und mir

23. Stasileute in meinem Wohnzimmer

die Kirche im Falle eines Prozesses einen guten Anwalt gestellt hätte. Vogel war bekannt dafür, dass er zügig verhandelte und die Ausreise in die BRD oft sehr schnell möglich machte. Ich wollte allerdings nie ausreisen. Bis heute bin ich ein sturer Mecklenburger und hatte nie vor, meine Heimat zu verlassen.

24. Der November 1989

... was Sie ja dann Gott sei Dank auch nicht mehr mussten. Stattdessen hat ein anderer das Land verlassen, wie wir wissen, und zwar in Richtung Chile! Was um den 9. November jenes denkwürdigen Jahres herum alles passierte, kann man heute in den Geschichtsbüchern nachlesen. Mich würde deshalb noch mehr interessieren, wie Sie persönlich den Mauerfall erlebt haben und was Sie von der darauffolgenden Entwicklung halten.

Der November des Jahres 1989 war eine verrückte Zeit. Jeder Tag brachte neue Überraschungen mit sich. Zwischenzeitlich ging auch die Angst um, dass man den demokratischen Aufbruch mit Waffengewalt wieder ersticken könnte. Ich glaube, nie zuvor hatten so viele Leute die Nachrichtensendung der DDR, die „Aktuelle Kamera", gesehen wie in dieser Zeit.

Inzwischen hatte ich meine Frau Roswitha geheiratet. Für unsere erste Tochter hatten wir als Taufspruch den Vers ausgesucht, der mir in den Nächten der Drei-Tages-Aktionen bei der Stasi sehr geholfen hatte: „Mit meinem Gott kann ich über Mauern springen."

Roswitha und ich standen am Abend des 9. November 1989 im Pfarrhaus von Graal Müritz. Mein Schwiegervater, der zu dieser Zeit dort Pastor war, schaltete den Fernseher ein und wir hörten das unprofessionelle Gestotter des Genossen Schabowski, der etwas von der Öffnung der Mauer murmelte. Als wir die Tragweite

24. Der November 1989

dessen begriffen, was er da von sich gab, schossen uns die Tränen in die Augen und wir konnten nicht so recht glauben, was die Nachrichten in Ost und West fortan hinausposaunten. Erst als wir die verwackelten Filmsequenzen von DDR-Bürgern sahen, die zu Fuß oder in ihren Trabis Westberlin eroberten, dämmerte uns, was die Stunde geschlagen hatte.

Unter anderem traten an diesem Abend in Berlin die ersten „Mauerspechte" in Erscheinung, eine besondere Spezies, die noch in der ersten Nacht begann, mit Hammer und Meißel die Mauer in einzelne Brocken zu zerlegen. Einige wollten so einen Stein als Andenken mit nach Hause nehmen, andere machten ein Geschäft daraus und verkauften von da an unzählige Betonklumpen als „echte" Mauersteine. Würde man heute all diese Steine noch einmal zusammenfügen, könnte man die Mauer sicher doppelt und dreifach um Berlin herumwickeln.

Wenige Tage später ersoffen Städte wie Lübeck in einem reißenden Strom ostdeutscher Plastebomber und Zeitungen äußerten zum ersten Mal Kritik an den Ostdeutschen, die ihr Begrüßungsgeld in Bananen und Westschnaps anlegten. Zumindest für ein Wochenende schafften wir Ossis es, Lübeck bananenfrei zu kaufen.

Tja, wir Ossis eroberten den Westen im Sturm. Danach aber er uns.

In den folgenden Jahren verscherbelte die staatliche „Treuhandanstalt" die übrig gebliebenen Wertsachen, die VEBs und Kombinate, und Birgit Breuel, die eine Zeit lang der Treuhand vorstand, avancierte zur wohl meistgehassten Westpolitikerin im Osten. Manche westdeutschen Firmenchefs, die es in den Osten zog, führten sich tatsächlich wie Sieger auf. Es mag wohl stimmen, dass viele Ostfabriken nicht rentabel gearbeitet haben, aber wenn man Jahr-

24. Der November 1989

zehnte seines Lebens in einem Betrieb gearbeitet hat und plötzlich vom ehemaligen Klassenfeind gesagt bekommt: „Dein Laden wird dichtgemacht", dann wird man einfach sauer – vor allem, wenn das flächendeckend geschieht. Die nun ehemaligen DDR-Bürger mussten einerseits versuchen, als gute Verlierer von Würde und Arbeitsplatz Haltung zu bewahren, und sich gleichzeitig an die harte Arbeit der Aussöhnung oder zumindest der friedlichen Koexistenz mit den Unterdrückern von einst machen. Umso größer ist die Enttäuschung bei einem Ostdeutschen, wenn ein Westdeutscher heute leichthin meint, für ihn habe sich nach der Wende eh nicht viel geändert. Und es stimmt ja auch nicht. Nach dem 9. November 1989 hat sich auch der Westen grundlegend verändert. Von jener schwierigen Partei links von der SPD über das Verschwinden des globalen Block-Denkens bis hin zu den neuen Ost-Ampelmännchen in manchen Städten, die so ungewohnt forsch ausschreiten und die dröge rumstehenden Westpendants seltsam alt aussehen lassen, hat sich einiges getan …

Jedenfalls – bei all der Freude konnte sich damals wohl niemand vorstellen, wie viele Jahrzehnte das Zusammenwachsen dieses einen Volkes in Anspruch nehmen würde.

Ja, der Westen hat im Ringen, im Wettbewerb der Systeme gesiegt, wobei die friedliche Revolution von den Ostdeutschen durchgetragen und -gefochten wurde. Vielleicht hat man im Osten ein bisschen zu schnell die Aufbruchseuphorie und die unbedingte Bereitschaft zu grundlegenden Reformen geopfert, nur um an die harte Westmark zu kommen. Ein ungutes Gefühl der Ossis gegenüber den Wessis wird so lange bleiben, wie es den „armen Osten" gibt. Der wird bestimmt von niedrigeren Löhnen und Renten, von beruflicher Perspektivlosigkeit in manchen Landstrichen und intensiver

24. Der November 1989

Abwanderung in die alten Bundesländer. Und er findet seinen Ausdruck da, wo bei einer bunten Fernsehsendung nur Schlagersänger aus dem „alten Westen" auftreten. Wer kennt heute schon Frank Schöbel oder das DDR-Vorzeigeduo Monika Hauff und Klaus Dieter Henkler?

Manchmal glaube ich, dass das fehlende Interesse an der Lebensgeschichte des jeweils anderen unsere größte Hürde beim Zusammenwachsen ist.

25. Eine letzte Geschichte, eine Konsequenz und eine Einladung

Lieber Herr Döring, wir öffnen das 25. Kapitel und sind damit am Ende unserer kurzen Reise durch Ihre knapp 27 Jahre Leben in der DDR angelangt. Was Sie auf den verschiedenen Etappen erzählt haben, hat mich gepackt und zum Teil auch erschüttert. Da ich eine Großmutter in Berlin hatte, habe ich die Deutsche Demokratische Republik alljährlich mindestens zweimal mit dem Interzonenzug oder auf der Buckelpiste namens Transit-Autobahn durchquert und auch den einen oder anderen Tagesausflug nach „Ostberlin" oder Potsdam unternommen. Als ich ein Kind war, wirkten die Eindrücke, die ich in diesem grauen Land sammelte, irgendwie gruselig auf mich – all die Uniformen, die Waffen, die imposanten Reiterhosen samt Schaftstiefel (hatte was von Wehrmacht und schlimmeren Organisationen ...) und nicht zu vergessen der Umgangston an der Grenze. Später empfand ich die allgegenwärtige Farbenarmut, den ruinösen Zustand so vieler Bauten, die demütige Neugier der Leute, die sich auf dem Transit-Rastplatz in Scharen um mein chromglitzerndes Motorrad drängten und vieles andere mehr als ausgesprochen beklemmend. Regelrecht pervers aber war für mich die Tatsache, dass ich als freier Bürger aus dem reichen Westdeutschland jederzeit Zutritt hatte zu all diesen ein-

25. Eine letzte Geschichte, eine Konsequenz und eine Einladung

gesperrten Menschen, die wie in einem gigantischen Zoo lebten, den nur ich abends wieder verlassen durfte, um mit einem tiefen Atemzug wieder einzutauchen in das Lichtermeer der Weltstadt West-Berlin ...
Welche Schicksale sich aber abspielten in diesem Land hinter der Mauer, dem Stacheldraht und den Minenfeldern, davon hatte die breite Masse in der Bundesrepublik keine Ahnung. Daran hatten die meisten Bundesbürger aber auch kein Interesse. Bedauerlicherweise. Möge Ihr Buch dazu beitragen, dass seine Leser in den alten Bundesländern künftig mit viel mehr Respekt und Verständnis auf die Lebensleistung ihrer ostdeutschen Landsleute blicken, dass bei den beiden ungleichen Brüdern das Bewusstsein geschärft bleibt für den Wert unserer Freiheit und dass die Dankbarkeit Gott gegenüber wach bleibt für seine Liebe und seinen Segen, den er mit dem wundersamen Fall der Mauer vor 25 Jahren erwiesen hat.
Lieber Herr Döring, Sie haben das letzte Wort.

Eine für mich sehr wichtige letzte Geschichte aus meinem DDR-Erleben habe ich mir bis zum Schluss aufgehoben.

Es war Ende der 70er-Jahre. Ein Freund von mir wurde 18 Jahre alt und wir feierten in der standardisierten Neubauwohnung mit Kinderzimmer, die zur Feier des Tages schön geschmückt war. Seine Mutter war Reinigungskraft in meinem ehemaligen Kindergarten und der Vater – ja, was war der Vater eigentlich von Beruf?

Er fuhr täglich mehrmals mit der Deutschen Reichsbahn – diese nicht ganz zeitgemäße Bezeichnung trug das ostdeutsche Verkehrsunternehmen tatsächlich bis zum bitteren Ende des sozialistischen „Reiches" – die etwa einstündige Strecke von Güstrow über Schwaan nach Rostock. Viele Arbeiter fuhren täglich aus dem Umland nach

25. Eine letzte Geschichte, eine Konsequenz und eine Einladung

Rostock, um dort im VEB Warnowwerft oder in anderen großen volkseigenen Betrieben zu arbeiten.

Der Vater meines Freundes arbeitete jedoch nicht in der Werft, er war Mitarbeiter der Firma „Horch und Guck". Sein Aufgabenbereich: Mokierten sich während der Bahnfahrt Werktätige über die miserablen Zustände in ihren Betrieben oder rissen gar Witze über DDR-Politiker, so sorgte der Vater meines Freundes dafür, dass diese Leute in Rostock gleich am Bahnsteig von der Transportpolizei abgeführt wurden.

Jedenfalls feierten wir an einem Tag Ende der 70er-Jahre den 18. Geburtstag meines Freundes. Die Stimmung war super und die vollzählig erschienenen Gäste ließen es sich gut gehen, als es klingelte. Die Mutter meines Freundes ging zur Wohnungstür und öffnete. Zwei gut gekleidete fremde Herren traten ein und verlangten nach dem Geburtstagskind. Bei uns Feiernden, die wir vom Wohnzimmer aus alles mitverfolgten, sanken Lärm- und Stimmungspegel gegen Null. Ohne dass uns jemand etwas erklärt hatte, wussten wir, wer diese Herren waren. Nun erhob sich der Vater meines Freundes und baute sich draußen auf dem Flur vor den beiden Stasileuten auf. Noch heute habe ich seine gepresste Stimme im Ohr, mit der er sagte: „Ich will, dass ihr sofort aus meiner Wohnung verschwindet. Mein Leben habt ihr mir versaut, aber meinen Sohn lasst ihr in Ruhe, und jetzt raus hier."

Schweigend verließen die Herren die Wohnung. Die Mutter meines Freundes – auch sie sehe ich noch vor mir, als wäre es gestern gewesen – stand am Fenster zum Balkon, hatte die Hände vors Gesicht geschlagen und ließ ihren Tränen freien Lauf. Tränen der Angst vor den Folgen, die die eben miterlebte Szene nach sich ziehen konnte.

25. Eine letzte Geschichte, eine Konsequenz und eine Einladung

Gerade heute, in einer Zeit, in der das Internet den gläsernen Bürger möglich macht, in der das Blockdenken wieder Fahrt aufnimmt und die Verwerfungen zwischen den sozialen Schichten weltweit zunehmen, gehen mir diese alten Geschichten immer wieder durch den Kopf.

Wird es nicht gerade heute wieder wichtiger, ab und zu Mut zu fassen und laut und deutlich „Nein" zu sagen, wo wir mit Gottes Hilfe Nein sagen sollten?

Dem Vater meines Freundes ist nach seinem mutigen Auftritt im Flur seiner Wohnung nichts geschehen, über den missglückten Anwerbeversuch seinem Sohn gegenüber hat sein Arbeitgeber nie wieder ein Wort verloren.

Doch Zivilcourage war nicht nur in der DDR gefragt. Sie ist heute noch immer ein kostbares Gut.

Ich bin zu DDR-Zeiten mit meinem Gott über manch hohe Mauer gesprungen. Leicht fiel mir das nicht, aber er hat mich nach jedem Hinfallen wieder auf beide Füße gestellt. Das macht mir Mut, auch heute die vielen kleinen unsichtbaren Mauern im Alltag anzugehen, zu überwinden oder gar einzureißen – so, wie er es im ganz großen Maßstab mit der sichtbaren Mauer, dem „antifaschistischen Schutzwall", vor 25 Jahren getan hat.

Eine dieser alltäglichen Mauern liegt in der Tatsache, dass bereits die zweite Nachwendegeneration im Begriff ist heranzuwachsen, und es macht mich traurig und wütend, dass beide Generationen den Fehler ihrer Eltern und Großeltern wiederholen und sich über Vergangenes ausschweigen. Die DDR-Generation verspürt nicht so recht die Lust, aus dem Alltag in einer sozialistischen Diktatur zu erzählen und die Nachwendegeneration fragt meines Erachtens zu wenig nach. Von den Schulen ganz zu schweigen, dort scheint das

25. Eine letzte Geschichte, eine Konsequenz und eine Einladung

Thema DDR-Alltag auch nach 25 Jahren noch nicht angekommen zu sein. Die Unlust oder gar Unfähigkeit, Vergangenes aufzuarbeiten, scheint ein Wesenszug der Deutschen zu sein – da unterscheiden sich West- und Ostdeutsche kaum.

Aus diesen Gründen habe ich begonnen, von meinen DDR-Erlebnissen zu erzählen.

Sehr gern möchte ich auch Sie ermuntern, mir Ihre Geschichte zu erzählen. Es ist egal, ob Sie aus westlicher oder östlicher Perspektive auf unser gemeinsames Vaterland blicken. Was sollten wir voneinander wissen? Welche Erfahrungen sollten wir miteinander teilen, weil sie uns gemeinsam reicher machen?

Schicken Sie mir Ihre Geschichte: christian.doering@sound7.de

Ich danke Ihnen für Ihr Vertrauen.

Weitere Biografien von FRANCKE

Andrea Wegener
Ein Quäntchen Trost
Wie ich mein Herz für Haiti entdeckte
ISBN 978-3-86827-465-3
176 Seiten, gebunden
mit farbigem Bildteil

Sommer 2008: In »Ein Quantum Trost« rast James Bond auf einem Motorrad durch Port-au-Prince. Das exotische Flair dieser karibischen Stadt ist das perfekte Setting für einen aufregenden Action-Thriller.
Zwei Jahre später liegt diese Stadt in Trümmern, das Zentrum ist nach einem verheerenden Erdbeben ein einziger Schuttberg. Kein anderes Land der Welt braucht Trost und Hilfe dringender als das von Armut und Krankheit gebeutelte Haiti.
Eine Organisation, die zu Hilfe eilt, ist GAiN e.V., der humanitäre Partner von Campus für Christus. Eine der Freiwilligen, die sich auf den Weg nach Haiti macht, ist Andrea Wegener. Sie schildert in diesem packenden Buch, was für begeisternde und erschütternde, ermutigende und frustrierende Dinge man erleben kann, wenn man als Helfer in Krisengebieten mit anpackt. Die Leiterin der Öffentlichkeitsarbeit bei Campus für Christus war seit 2010 mehrfach in Haiti und erzählt eine außergewöhnliche Geschichte von seltener Authentizität.

Lothar von Seltmann
Rosa Krebs
Die Mutter der drei vom Himmelhorn
978-3-86827-464-6
256 Seiten, gebunden
s/w Fotos

Ihr Leben war geprägt von tiefem Glauben und von der Hingabe und Liebe für ihre Familie: Rosa Krebs (1902 – 1987). Wie Rosa und ihr Mann Hans nach vielen Krisen und Herausforderungen schließlich ihre Lebensaufgabe darin fanden, ein christliches Freizeitheim zu gründen, davon berichtet diese berührende Biografie.
Auch die größte Tragödie – der tödliche Unfall ihrer drei Söhne – konnte das Vertrauen von Rosa und Hans Krebs in ihren großen Gott nicht erschüttern. So wurden sie zum Segen für viele Menschen, die der Familie Krebs im »Christlichen Freizeit- und Bibelheim« in Oberstdorf begegneten.